내 인생을 바꿀 스무 가지 질문

삶을 질문하라

삶을 질문하라

1판 1쇄 인쇄 2023년 3월 7일
1판 1쇄 발행 2023년 3월 13일

지은이	유영만
펴낸이	엄준하
펴낸곳	한국HRD협회
브랜드	KHRD
편집총괄	소은순
편집책임	노현덕
편집지원	이정구 홍희지
디자인	조유영
마케팅	엄정일
콘텐츠	엄효정
신고	2017년 7월 6일 제2017-000050호
주소	서울시 성동구 광나루로 130 서울숲IT캐슬 2층
전화	02-525-9933

ISBN 979-11-964222-7-1(03190)

*이 책은 저작권법에 따라 보호받는 저작물이므로 무단전재와 무단복제를 금지하며,
 이 책 내용의 전부 또는 일부를 이용하려면 반드시 한국HRD협회의 서면동의를 받아야 합니다.

*책값은 뒤 표지에 있습니다. 잘못된 책은 교환해 드립니다.

지식생태학자 유영만의 문중모색(問中模索)

당신은 질문 앞에 전율해본 적이 있는가?

내 인생을 바꿀 스무 가지 질문

삶을 질문하라

Contents

프롤로그 전에 생각하는 심각한 질문 • 8
프롤로그: '질문'이 '관문'을 바꾼다! • 20
프롤로그 후에 생각하는 삶의 질문 • 34

도전과 창조로 변화를 주도하다

정상과 비정상: 정상에 간 사람은 정상이 아니다 • 42
당신은 정상(頂上)만 바라보는 정상(正常)입니까,
정상을 정복하는 비정상입니까?

실천과 변천: 실천해야 이전과 다르게 변천한다 • 53
당신은 검토만 하다 실기(失期)합니까,
실천(實踐)해서 기회를 잡고 있습니까?

체험과 보험: 모험이 부족한 사람은 좋은 어른이 될 수 없다 • 65
당신은 안전지대에서 안락하게 지냅니까,
위험을 무릅쓰고 모험을 감행합니까?

실패와 실력: 실패를 해봐야 실력을 쌓을 수 있다 • 77
당신은 실패하고 좌절합니까,
실패를 통해 실력을 쌓습니까?

깊이와 기피: 깊이 읽지 않으면 기피 대상이 된다 • 88
당신은 책을 대충 거들떠봅니까,
깊이 읽고 내공을 심화시킵니까?

先見智明

見견 관찰과 통찰로 세상을 꿰뚫어보다

관찰과 통찰
: 관심을 갖고 관찰하지 않으면 통찰에 이를 수 없다 · 102
　　당신은 지금 무관심으로 관망합니까,
　　관심을 갖고 관찰합니까?

소통과 융통: 자세를 낮추고 소통하면 융통해진다 · 112
　　당신은 지금 소통의 속도에 치중합니까,
　　소통의 밀도를 강조합니까?

나무와 임무: 나무는 나무라지 않는다 · 122
　　당신은 지금 남의 자리를 엿봅니까,
　　자세를 갖추려고 노력합니까?

와인과 여인: 와인(臥人)은 누워 있는 여인(女人)이다 · 131
　　당신은 남과 비교합니까,
　　비전을 품고 비유합니까?

당연과 물론
: 당연한 세계에 물음표를 던져야 당대를 뒤흔드는 혁신이 창조된다 · 143
　　당신은 당연함을 무의식적으로 받아들입니까,
　　당연함에 시비를 거는 질문을 의식적으로 던집니까?

Contents

지혜와 안목으로 미래를 준비하다

독서와 저서: 저서는 치열한 독서에서 나온다 · 154
당신은 지금 책과 거리를 둡니까,
책과 눈을 맞추고 있습니까?

공부와 승부: 승부는 공부가 결정한다 · 163
당신의 공부는 노동입니까,
놀이입니까?

인공지능과 인간지성
: 인공지능은 가능하지만 인공지혜는 불가능하다 · 172
당신은 지능으로 지식을 창조합니까,
지성으로 지혜를 개발합니까?

이미지와 미지
: 이미지는 미지의 세계로 인도하는 청사진이다 · 187
당신은 이미 아는 기지(既知)에 머무릅니까,
이미지로 미지(未知)의 세계를 추구합니까?

곡선과 시선: 곡선은 세상을 다르게 보는 시선이다 · 198
당신은 호기심을 지닌 곡선의 물음표입니까,
직선으로 달려가는 마침표입니까?

先見智明

성찰과 분별로 나다움을 드러내다

사치와 가치: 가치가 사치를 이긴다 · 210
당신은 사치(奢侈)로 삶의 '얼룩'을 만듭니까,
가치(價値)로 삶의 '무늬'를 만듭니까?

어휘와 어이: 어휘가 없으면 어이도 없다 · 219
당신은 개념을 의도적으로 공부합니까,
다른 사람의 통념에 갇혀서 삽니까?

마스터리와 미스터리
: 마스터리(Mastery, 경지)에 이르는 길은 미스터리(Mystery, 신비)다 · 229
당신은 경지에 이르기 위해 프로세스만 배웁니까,
프랙티스를 반복하며 깨달음을 얻습니까?

컨텐츠와 컨테이너: 컨테이너를 바꿔야 컨텐츠도 살아난다 · 248
당신은 기존 컨테이너에 컨텐츠를 담습니까,
새로운 컨테이너에 맞는 킬러 컨텐츠를 담습니까?

상품과 작품: 상품은 소모품이지만 작품은 소장품이다 · 257
당신은 상품개발에 한눈팝니까,
작품개발에 몰두합니까?

에필로그 전에 생각하는 좋은 질문이란? · 271
에필로그: '해답'은 '질문' 속에 있다! · 278

프롤로그 전에 생각하는 심각한 질문

챗GPT가 '와인은 여인'이라는 은유법을 이해하지 못하는 이유는?
: 인공지능이 대답하기 어려운 낯선 질문만이 낯선 생각을 잉태한다

　의미 없는 질문에 대한 의미 있는 답을 상상하는 존재는 인간밖에 없다. 동물은 질문 자체가 없다. 있다고 하더라도 생존욕구 충족에 한정될 뿐이다. 경쟁자를 따돌리고 먹고 살아가는 데 대한 본능적 질문과 답변을 내놓을 뿐이다. 인간의 지혜는 관계없다고 생각하는 두 가지 이상의 대상에 대한 의미 없는 질문에 대해 뜻밖의 상상력을 기반으로 비상하는 대답에서 창조된다. 질문 자체가 관계없다고 생각하는 두 가지 이상을 엉뚱하게 연결시켜 놓을 때 엉뚱한 상상력이 발동되면서 생각지도 못한 가능성의 문이 열리는 경우가 많다. 특히 시인들의 낯선 질문, 익숙한 일상에 대한 낯선 상상력의 질문은 인간의 상상력이 무한함을 증명해 주는 촉발점이다.

"질문한다는 것은 무엇인가? 그것은 모르는 자리로 돌아가는 것이며, 홀연히 '처음'의 시간 속에 있는 것이고, '끝없는 시작' 속에 있는 것이다. 더구나 시적 질문은 생각과 느낌의 싹이 트는 순간으로 타성·습관·확정 속에 굳어 있던 사물이 다시 모태의 운동을 시작하는 시간이다."

파블로 네루다의《질문의 책》[1]에 실린 정현종 시인의 '옮긴이의 말' 중에 나오는 말이다. 질문이 시작되는 순간 자기도 모르는 사이, 모르는 자리로 돌아가 태초에 꿈꿨던 이상과 자신의 본질적 모습을 바라보기 시작한다. 타성의 늪에서 빠져나오게 하는 것도 질문이며, 본래의 모습으로 돌아가려는 몸부림도 질문에서 비롯된다.

파블로 네루다의《질문의 책》에는 총 74편의 질문으로 이루어진 시가 등장한다. 예를 들면 "벼룩들과 문학적인 하사관들은 왜 나를 물지?"라는 질문이 등장한다. 이 질문을 챗GPT에게 물어보았다. 잠깐 고심하다 이렇게 대답을 내놓았다.

"이 질문은 일종의 말장난으로 보입니다. "벼룩(fleas)"과 "하사관(literary corporals)"을 이해해야 이해할 수 있습니다. "벼룩"은 작고 빠르게 움직이며, 흔히 인간이나 동물을 무는 작은 곤충을 가리키는 말이며, "문학적인 하사관(literary corporals)"은 문학 작품에서 등장하는 군인 중에서 하위 계급을 뜻하는 표현입니다. 따라서 이 질문은 "왜 나는 이런 작은 것들에게나 큰 것들에게나 관심을 받을까요?"라는 의미로 이해할 수 있습니다. 하지만 정확한 답변을 위해서는 더 많은 정보가 필요합니다."

벼룩과 문학적인 하사관은 챗GPT의 머리로는 이해할 수 없는 낯선 만남이다. 관계없다고 생각하는 두 가지 이질적 실체가 만나 둘 사이는 무슨 관계가 있는지 물어보니까 일종의 말장난으로 재단해 버린다. 이 세상에 관계없는 건 없다. 관계없다고 재단하는 주체의 머릿속에서만 관계없다는 생각만 존재할 뿐이다. 낯선 질문은 일상에서 흔히 접하는 익숙한 두 가지의 낯선 만남에서 비롯된다. 벼룩과 하사관은 익숙한 일상 언어다. 익숙한 일상 언어에서 낯선 상상력이 싹이 트는 시점은 예상치 못한 뜻밖의 우연한 만남이다.

진짜 질문은 알고리듬 밖의 사유를 지향한다

챗GPT에게 두 번째 질문을 던져보았다. 파블로 네루다의 《질문의 책》에서 자주 인용되는 질문이다. "나였던 그 아이는 어디 있을까, 아직 내속에 있을까 아니면 사라졌을까?" 챗GPT는 어렵지 않게 바로 대답을 내놓았다.

"제가 이해하기로, 이 질문은 과거에 존재했던 자신의 어린 시절에 대한 생각과 감정을 담은 것으로 보입니다. 어린 시절의 경험과 기억은 우리 삶의 중요한 부분을 이루고 있습니다. 그러나 시간이 지나면서 우리의 생각과 감정, 그리고 환경과 상황도 변화하게 됩니다. 이전의 자신과 현재의 자신은 차이가 있을 수 있습니다. 그래서 "나였던 그 아이"가 지금 어디에 있는지에 대한 정확한 답변은 없습니다. 그러나 어린 시절에 경험했던 것들은 여전히 자신의 삶에서 중요한 역할을 할 수 있고, 그 경험을 바탕으로 자신의 성장과 발전을 이룰 수도 있습니다."

전형적인 알고리듬에 근거한 대답임을 직감할 수 있다. 뜻밖의 대답은 뜻밖에도 하지 못했다. 빅데이터 기반 알고리듬의 논리로 대답하는 챗GPT에게 전형성을 깨는 의외성은 기대하기 어렵다. 예측 가능한 논리적 답변이라서 뜻밖의 상상력을 잉태한 질문은 빅데이터 기반으로 생기기 어렵다는 점을 반증해 주는 대답이다. 나였던 그 아이가 내 속에 있는지, 아니면 밖으로 사라졌는지는 물리적으로 관찰해서 과학적으로 입증할 수 있는 문제가 아니다. 이 질문은 오로지 본인만이 알 수 있는 인문학적 헤아림의 문제다. 헤아림은 수학적 논리나 과학적 논증으로 해결할 수 있는 증명의 문제가 아니라 궁리에 궁리를 거듭하면서 질문을 던져 부단히 이전과 다른 대안을 끊임없이 모색하는 안간힘이다. 애정과 열정이 담긴 지식은 반드시 특정한 공간에서 몸이 개입되는 시간의 사회역사적 산물이다. 몸이 관여하는 신체성이 없는 논리적 지식은 머리를 공략해서 이해시킬 수 있지만 심장을 공략해서 의미심장하게 만들기 어렵다.

시적 질문은 타성의 늪에 빠진 우리를 건져 올리는 두레박이다

상식적으로 알고 있는 사실을 챗GPT에게 물어보았다. "사람의 손가락은 왜 10개일까?" 누구가 손가락과 발가락이 10개인지는 알지만 왜 10개인지는 호기심을 품고 질문을 던져보지 않았다. 챗GPT는 예상대로 논리적인 답변을 내놓았다.

"인간의 손가락이 10개인 것은 진화 과정에서 발생한 결과입니다. 인간의 진화 과정에서 땅에서 걷는 능력을 갖춘 사람의 조상들은 무게중심을 잡기 위해 두 다리와 발바닥을 사용하면서 일어선 상태였습니다. 그 후, 상체가 자유롭게 움직이게 되면서 손이 더 유연해졌고, 더 다양한 일을 할 수 있게 되었습니다. 이렇게 사람이 사용하는 손은 더욱 발전하면서 손가락이 5개에서 10개로 변화하게 되었습니다. 그리고 손가락이 늘어나면서 인간은 더욱 복잡한 도구를 만들고, 문화적으로 발전할 수 있게 되었습니다. 따라서 인간의 손가락이

10개인 것은 진화 과정에서 발생한 결과이며, 손가락이 더 많았다면 다른 문화적 발전과정이 생겼을 것으로 추측됩니다."

함민복 시인의 〈성선설〉[2]이라는 시를 보면 전혀 다른 뜻밖의 답을 만난다. "손가락이 열 개인 것은/어머님 배 속에서 몇 달 은혜 입나/기억하려는/태아의 노력 때문인지도 모릅니다." 임신기간이 10개월인 점을 감안한 시인은 아이가 엄마 배 속에서 열 달을 기다리면서 손꼽아 기다리다가 손가락이 10개가 되었다는 시적 상상력을 바탕으로 아직 인공지능이 상상하기 어려운 연상능력을 발휘한 것이다. 시인의 상상력은 역지사지에서 나오는 경우가 많다. 타인의 입장이 되어 보기 위해 신발을 바꿔 신고 그들이 경험하는 세계 속으로 몸을 던진다. 역지사지는 머리로 이해하는 능력이 아니라 몸으로 느끼는 공감능력이다. 공감은 경험적 공통분모가 없으면 잘 생기지 않는 관계론적 역량이다. 인공지능의 언어가 몸으로 겪으며 깨달은 신체성의 언어가 아니라 논리적 연관성으로 편집한 머리의 언어다. 인공지능의 언어가 이해는 되지만 감동이 오지 않는 이유다.

질문은 본래의 자리에서 처음을 맞이하는 모태 운동이다

자전거 국토완주 그랜드 슬램을 달성하면서 마지막 코스로 제주도 환상 자전거길을 완주한 적이 있다. 그때 자전거를 타면서 보고 몸으로 느낀 감각적 깨달음이 실종되기 전에 글을 하나 썼다. 글 제목을 "바다는 바위에게 술 한 잔 사주지 않았다"로 잡았다. '바다는 왜 바위에게 술 한 잔 사주지 않았을까요?'라고 챗GPT에게 물어보았다. 대답은 말장난이라고 했다. "이 질문도 일종의 말장난으로 보입니다. "파도(wave)"와 "바위(stone)"가 각각 자연 현상과 무생물적 대상이므로, 그들 사이에 상호작용이 가능한 것은 아닙니다. 따라서 파도가 바위에게 술을 사줄 수는 없습니다. 하지만 파도는 자연 현상 중 하나로서 바위와 같은 무생물적 대상들과 함께 자연환경에서 공존하고 있습니다. 또한, 파도와 바위는 서로의 상호작용을 통해 지구의 지형을 형성하고 변화시키는데 기여하고 있습니다." 논리적으로 분석하는 전형적인 과학자의 눈, 뇌안(腦眼)으로 질문에 응답했다는 표현을 감지할 수 있다.

이번에는 독서와 피클은 무슨 관계인지를 챗GPT에게 물어보았다. 은유적 사유에 대한 챗GPT의 연상능력을 알아보기 위해서다. "독서와 피클은 일상생활에서 별개의 것들이지만, 놀랍게도 함께 연관될 수 있습니다. 일부 사람들은 독서와 함께 피클을 즐기는 것을 좋아합니다. 이는 일종의 문화적인 관행으로서, 미국에서는 'pickleback'이라는 술잔에 피클

주스를 담아 술을 따르는 것이 대표적입니다. 이외에도 피클의 신맛과 독서의 집중력 향상에 대한 연관성을 언급하는 사람들도 있습니다. 또한, 피클은 건강에 좋은 음식 중 하나이며, 독서를 하면서 스낵으로 즐기기에도 좋은 선택입니다. 특히 집중을 돕는 미각적인 자극을 제공하면서, 독서를 하면서 뇌를 활성화시켜 주는데 도움을 줄 수 있습니다. 따라서, 독서와 피클은 서로 떨어져 있는 것처럼 보이지만, 함께 즐길 수 있는 새로운 문화적인 습관이 되어갈 수 있습니다."

독서와 피클은 겉으로 보기에 아무 관계가 없어 보인다. 책을 읽기 전에는 오이였지만 책을 읽고 나서 피클로 바뀌는 순간, 책을 읽기 전의 상태로 돌아갈 수 없는 비가역적 변화가 일어나는 게 독서다. 독서는 이런 점에서 위험한 행동이다. 읽기 전의 상태로 돌아갈 수 없는 사고의 혁명이 일어나기 때문이다. 독서라는 추상명사와 피클이라는 보통명사는 피상적으로 생각해 보면 아무런 관계가 없다. 하지만 좀 더 깊이 생각해 보면 깊은 연관성이 있음을 알 수 있다. 그 연관성을 발견하는 사유가 은유적 사유다. 은유는 관계없다고 생각되는 두 가지가 만나 경계를 넘나들며 상호 침투해서 이종결합을 통해 생각지도 못한 사유가 비약적으로 발전하는 기반을 제공해 준다. 추상명사가 보통명사를 만나는 순간 추상적 사유가 구체적 일상에서 보고 만지며 느낄 수 있는 감각적 각성을 촉발시켜 준다.

미래의 인재상은 전대미문의 문제를 일으키는 문제아다

챗GPT는 논리적이고 과학적인 눈, 즉 뇌안을 통한 기존 데이터 기반 분석적, 합리적 사유에는 탁월하다. 하지만 관계없다고 생각되는 두 가지 이질적 사물이나 현상을 연결시켜 공통점을 찾아내는 은유적 사유에는 취약하다. 은유를 의미하는 메타포(metaphor)는 배움의 대포다. 배움은 관계없는 두 가지 이상의 이질적 개념이 연결되면서 공통점을 발견하는 탐색이 시작될 때 폭발한다. 챗GPT가 참고하는 데이터베이스 안에는 한 번도 만난 적이 없는 방대한 이질적 개념이나 문장이 존재한다. 사람과 다르게 챗GPT는 이전까지 연결되지 않았던 이질적 개념을 연결시켜 생각 너머의 생각을 촉발시키는 상상력에는 취약하다. 두 가지 개념이 만나는 순간 인간은 상상력을 발휘하여 이전에 존재하지 않았던 가능성의 문을 열기 위해 애쓰기 시작한다. 그 순간 이질적 두 가지 개념이 상호침투하고 경계를 넘나들면서 낯선 메시지와 이미지를 창조한다.

"와인은 여인이다. 와인과 여인은 어떤 관계인가?" 와인과 여인은 전혀 관계없다고 생각하는 두 가지 실체다. 챗GPT는 예상했던 대로 답을 내놓았다. '와인은 여인이다'라는 표현은 일반적으로 문학이나 예술 작품에서 사용되는 비유적인 표현입니다. 이 표현은 와인과 여인 모두 우아하고 섬세하며 매력적이며 유혹적인 특성을 갖고 있다는 것을 나타냅니다. 하지만 실제로 와인과 여인은 서로 직접적인 관련이 없습니다. 와인은 포도주를 발효시켜 만든 술이고, 여인은 인간 중의 한 성별입니다. 따라서 이 표현은 단순히 예술적인 비유로서 이해해야 합니다." 예술적 비유라는 말은 맞지만 챗GPT는 그 이상의 비유적 사유를 하기 어렵다. 와인바에 가면 와인은 누워서 보관하기 때문에 와인(wine)은 누울 '와(臥)'자를 써서 '와인(臥人)'이라고 표기하는 순간 와인은 여인과 놀라운 공통점이 발견되면서 상상력은 폭발하기 시작한다.

챗GPT에게 틀에 박힌 질문을 하면 틀에 박힌 답을 내놓는다. 틀을 벗어난 뜻밖의 질문을 해도 챗GPT는 한참을 고민하다 틀에 박힌 답을 내놓는다. 기존의 사용 가능한 데이터를 수집하고 편집해서 논리정연한 답을 제공한다. "가장 심각한 실수는 '틀린 답'에서 비롯되지 않는다. 가장 심각한 위험은 '틀린 질문'을 던지는 데 있다." 경영철학자, 피터 드러커의 말이다. 누구나 답을 잘못 찾는 실수를 할 수 있다. 하지만 틀린 답을 찾는 실수보다 더욱 심각한 실수는 틀린 질문을 던지는 데 있다. 틀린 질문은 틀에 박힌 질문이다. "정답은 찾아내는 능력보다 정확한 질문을 던지는 능력이 더 중요하다." 플라톤이 질문의 중요성을 간파하고 일찍이 던진 말이다. 이제 인공지능을 능가하는 인간의 지성을 쌓기 위해서는 타성에 젖은 질문은 폐기하고 낯선 생각을 잉태하는 날 선 질문을 던져야 한다.

챗GPT는 틀을 벗어난 질문에 대해 틀을 벗어나는 뜻밖의 대답을 만들어 낼 수 있는 즉흥적 상상력은 부족하다. 모든 질문에 대한 답변은 언제나 기존 데이터를 중심으로 편집한 응답이다. 데이터에 의존하지 않는 응답은 불가능하다. 상상력은 기존 경험적 데이터를 기반으로 하되, 그걸 초월하여 발동되는 연상능력이다. 범주에 갇힌 연상능력을 넘어서는 방법은 전혀 연상되지 않는 이질적 두 가지를 연결시키는 질문을 던지는 것이다. 사람이 다른 생각을 하지 못하는 가장 큰 이유는 연상 장벽에 갇혀 있기 때문이다. 연상 장벽을 깨는 한 가지 방법은 관계없다고 생각되는 두 가지를 연결시켜 질문을 던지는 것이다. 인공지능의 상상력과 인간의 상상력의 차이는 정형화된 패턴을 벗어나는 뜻밖의 연상 작용에서 시작된다.

질문하는 사람의 능력 수준이 얻을 수 있는 답의 수준을 결정한다. 결국 인공지능이 대답하기 어려운 전대미문의 색다른 질문을 던질 수 있는 능력이 세상을 이끌어가는 리더의 핵심역량이다. 누구도 쉽게 던지지 않았던 질문을 디자인하거나 문제를 제기하는 문제아가 우리 시대가 앞으로 추구해야 될 인재상이다. 문제를 던져 사람들을 곤궁에 빠뜨리고 이전과 다른 방식으로 머리를 쓰게 만드는 사람이 누구도 걸어가지 않은 낯선 관문을 열고 미지의 세계로 도전할 것이다.

프롤로그

'질문'이 '관문'을 바꾼다!
: 전대미문의 질문으로
  문제를 일으키는 문제아를 만나다

당신은 심장을 뛰게 만드는 질문이다

 당신은 심장을 뛰게 만드는 질문을 받아본 적이 있는가? 아니면 당신은 심장을 뛰게 만드는 질문을 가슴속에 품어 본 적이 있는가? 혼돈의 시대, 불확실성이 상존하는 세상, 불안감이 가중되는 시기에 하나의 정답으로 세상의 고민과 걱정을 해결한 방법은 존재하지 않는다. 정답을 찾아내는 모범생의 노력보다 그 누구도 던지지 않은 전대미문의 질문을 디자인하는 모험생이 필요하다.
 당신은 아무 생각 없이 틀에 박힌 일상을 반복하던 사람들에게 가던 길을 멈추게 만드는 질문을 던지는 사람인가? 아니면 누군가 던진 질문 앞에 정답을 찾기 위해 고민하는 사람인가? 당신은 출제된 문제 앞에서 정답을 찾기 위해 골몰하는 해결사인가? 아니면 한 번도 접해보지 못한 난생처음의 문제를 출제해서 세상을 평지풍파로 몰아넣는 문제아인가?

당신은 지금 뛰는 가슴을 멈추게 만드는 질문 앞에 정답을 찾고 있는가? 아니면 잠자는 심장을 흔들어 깨우는 낯선 질문 앞에서 새로운 관문을 찾아 나서려고 고뇌하고 있는가? 지금은 정해진 답을 찾아나서는 공부보다 아무것도 결정되지 않은 불확실 세상의 파고를 헤쳐 나갈 전대미문의 질문이 필요한 시기다.

한계를 넘어서는 방법은 한계를 초월하는 질문을 던지는 것이다. 질문이 품고 있는 한계 수준이 질문으로 넘어설 수 있는 가능성의 수준을 결정한다. 당신은 지금 색다른 가능성을 품은 관문을 열어젖히는 낯선 질문을 잉태하고 있는가? 당신이 잉태하는 질문 수준이 당신의 삶의 수준을 결정하는 질적 수준이다.

나는 지금까지 내가 던진 질문이다. 나는 내가 던진 호기심의 물음표(?)가 품고 있는 감동의 느낌표(!)를 찾기 위해 살아온 사회역사적 산물이다. 오늘의 나라는 존재모습은 내가 던진 질문의 성격과 방향이 만든 결과다. 스탠포드 대학의 한 연구결과에 따르면 5세 즈음에는 하루 평균 64번 내외 질문하지만 45세 정도 되면 질문이 1/10로 줄어들어 하루 평균 5~6번 정도 질문한다고 한다. 나이가 들수록 호기심의 물음표는 없어지고 그 자리에 마침표가 언제나 자리를 차지하게 된다. 이제 물음표 앞에서 전율하는 체험이 줄어들면서 사람과 세상을 향한 호기심의 물음표는 실종되기 시작한다.

질문 앞에서 전율해본 적이 있는가?

니체도 이런 현상에 주목하면서 물음이 실종되는 삶의 위기를 경고한 바 있다. "현 존재의 경이로운 불확실성과 애매성 한가운데 머물며 물음을 던지지 않는 것, 물음의 욕구와 기쁨 앞에서 몸을 떨지 않는 것, 심지어 이 물음을 던지는 사람을 미워하는 것조차 하지 않고 그에게서 괴로운 즐거움을 느끼는 것 – 이것이 바로 내가 경멸하는 것이다." 프리드리히 니체의 《즐거운 학문, 메시나에서의 전원시, 유고》[3] 중 '즐거운 학문 파트'에 나오는 말이다. 우리가 물음 앞에서 전율해본 적이 과연 언제인가? 스스로에게 물어보면 언제였는지 기억조차 나지 않을 정도로 묻지 않고 우리는 누군가 정해 놓은 가치판단 기준에 맞춰서 앞만 보고 달려간다. 질문 없는 질주는 죽음을 앞당길 뿐이다.

곡선의 물음표(?)가 직선의 느낌표(!)를 낳는다. 풀리지 않는 문제, 골머리를 앓는 문제 앞에서 좌절하지 않고 시행착오를 겪으며 우여곡절을 겪다 보면 문제를 해결할 수 있는 단서나 대안은 부각되게 마련이다. 다만 그 문제를 해결하고 싶다는 강렬한 욕망, 더 근본적으로는 이전과 다른 질문을 던져 놓고 전혀 다른 관문을 열어갈 수 있는 치열한 문제의식이 문제를 해결하는 관건이 될 것이다. 우리를 오늘과 다른 세계로 이끄는 모든 문명발달 과정에는 어제와 다른 질문을 던져 놓고 고뇌를 거듭하는 사람들이 숨어 있다. 어떤 질문에는 정열이 불타오르고 어떤 질문에는 열정이 숨어 있다. 정열은 저돌적, 맹목적, 제어가 어려운 결정의 사랑이자 피가 뜨겁고 화끈한, 내부에 간직한 원천적 에너지에 가깝다. 내가 스스로 만들어낸 에너지라기보다 뭔가에 끌려서 자기도 모르게 타오르는 불꽃같은 감정이다.

이에 반해 열정은 의도적이고 통제된 상태에서 목표 지향적으로 타오르는 뜨거운 에너지다. 뭔가에 몰입하는 사랑이나 특정한 일이나 목표를 향해 동기화되어 비교적 오랫동안 유지되는 감정이다. 결론적으로 정열이 열정보다 뜨겁지만 그만큼 쉽게 식어 없어질 수 있는 한순간의 폭발적 감정이다. 뜨겁게 순간적으로 타오르는 정열이 자신을 끌어당기는 숭고한 목적을 만나 지속적으로 발휘되는 열정으로 이어지면 금상첨화다. 동아제약의 로얄디 광고에 이덕화와 김청이 등장하는 "사랑과 정열을 그대에게!"라는 추억의 광고 카피가 기억날 것이다. 이 말을 "사랑과 열정을 그대에게!"라고 하면 왠지 어울리지 않는 느낌이 오는 이유가 정열과 열정의 미묘한 뉘앙스 차이 때문일 것이다.

호기심의 물음표가 살아 숨쉬는 열정적인 질문이 세상을 바꾼다

정열과 열정을 다른 각도로 바라보는 단서를 니체의 《즐거운 학문, 메시나에서의 전원시, 유고》에 나오는 '즐거운 학문' 파트에서 찾았다. "심장이 머리 안으로 들어가게 되는데, 이를 사람들은 "정열"이라고 부른다." 활활 타오르던 정열이 머릿속으로 들어가는 순간 이성의 통제를 받으면서 마음대로 뜨거워질 수 없게 된다. 뭐든지 꽂히면 폭발적인 에너지를 보여주었던 정열은 이성을 만나면서 자제하라는 무언의 압력을 받는다. 정열적인 질문을 지나가다 문득 생각난 뜨거운 질문이다. 하지만 뜨거운 만큼 순식간에 사라질 수 있는 찰나의 질문이기도 하다.

　사람을 지속적인 호기심의 눈으로 바라보게 만드는 질문은 열정적인 질문이다. 머릿속으로 들어간 심장과는 다르게 심장 속으로 들어간 머리가 열정적인 질문을 던진다. 이성의 통제를 받던 정열적인 질문과는 다르게 질문 자체에 이미 미지의 세계에 대한 강한 호기심으로 물들어 있어서 논리적 판단을 통한 불같은 에너지를 제어하기 어렵다. 심장 속에서 자라는 호기심의 물음표가 끌고 가는 열정적인 질문 에너지는 이미 의미심장해서 도중에 멈출 수 없는 질문이다. 열정적인 질문은 찰나의 호기심으로 던지는 정열적인 질문과는 다르게 미지의 세계를 알고 싶은 욕구가 지속적으로 발동되어 집요하게 파고드는 질문이다. 열정적인 질문은 자신의 욕망을 충족시키는 이상적인 대안이 현실로 구현될 때까지 포기하지 않고 호기심의 물음표를 가슴에 품고 끈질기게 물고 늘어지는 질문이다.

　뜨겁게 달아올랐다가 금방 식어버리는 정열적인 질문보다 집요한 탐구력과 끈질긴 인내심으로 물고 늘어지면서 지속적으로 파고드는 열정적인 질문이 세상을 바꾼다. 전대미문의 질문에는 확실한 하나의 정답이 존재하지 않는다. 질문에 열정이 따라붙는 이유는 정답이나 해답을 쉽게 찾을 수 없는 난공불락의 도전과제가 포함되어 있기 때문이다. 달성하기 쉬운 목표나 해결대안을 마련하기 용이하다고 판단되는 문제나 이슈에는 지속적인 열정의 불꽃이 붙지 않는다. 그냥 생각해봐도 쉽게 해결할 수 없는 난공불락의 도전과제라는 직감적인 판단이 들 때, 난국을 돌파하려는 열정적인 질문이 판세를 주도하면서 전체적인 분위기를 이끌어간다. 열정적인 질문은 시련과 역경이 심해질수록 더욱더 불타오르기 시작한다. 진퇴양난의 위기에서도 굴하지 않고 난국을 돌파할 혜안을 찾아 나선다.

앞문이 막히면 질문을 던져 옆문과 뒷문으로 나가라

신종 코로나 바이러스로 인해 여러 가지로 어려운 일이 설상가상으로 겹치는 시계제로의 세상, 큰 꿈을 품고 세웠던 많은 계획이 생각지도 못한 사태로 빠져들면서 연기되거나 취소되는 일도 비일비재다. 앞문이 갑자기 막힌 상황에서 방법을 찾기 위해 옆문에게 물어보았다. 옆문이 말했다. "가끔은 옆길로 새면 생각지도 못한 샛길도 있고 돌아가는 길이 빠른 길"이라고. 옆문은 한마디 더 한다. "진퇴양난(進退兩難)의 위기는 없다"고. "앞으로도 못 가고 뒤로도 못 가면 옆으로 가면 된다"고. 사실 옆길로 새다가 우연히 만난 길에서 내가 걸어갈 길을 찾는 경우가 많다. 앞문이 막혀서 어쩔 도리가 없어서 뒷문에게 물어보았다. 뒷문이 인생의 또 다른 지혜를 알려주었다. "일보후퇴(一步後退)하는 길이 이보전진(二步前進)하는 길"이라고. "앞으로 가는 것만이 능사(能事)가 아니라 가끔은 마음을 비우고 뒤로 물러나는 길이 내 앞의 난적을 물리치는 길"이라고.

"쓸쓸한 게 인생이예요. 불시에 맨홀에 빠지고 천둥이 쳐요. 그럼에도 닥치기 전에는 즐겨야 해. 그걸 난 60이 넘어서 알았어." 김지수의 《자기 인생의 철학자들》[4]에 나오는 윤여정 배우의 깨달음이다. 모두가 힘들고 말문이 막히는 상황, 내가 할 수 있는 일이 무엇인지 생각해보고 나로 인해 누군가 행복한 다른 길을 찾아보며 책 속으로 깊이 빠져든다. 그야말로 '암중모색(暗中摸索)'이 절실한 시기다. 희미한 불빛조차 없는 암담한 상황에서도 길을 찾으려는 목적을 포기하지 않고 이리저리 은밀하게 대책을 찾아보려는 끈질긴 노력이 필요한 시기다. 한두 사람의 전문성만으로 난국을 돌파하는 혜안을 제시하기에는 문제 상황이 너무 복잡하고 난해하다.

신종 코로나 바이러스 감염증이 만들어가는 어둠은 3년이

넘게 앞을 가리는 상황에서 첨단과학기술과 지식으로 무장한 인간은 여전히 무력하게 무방비 상태로 당하고 있다. 하지만 절망적인 상황에서도 포기하지 않고 바늘구멍에 실을 넣어 보겠다는 각오로 시도와 모색을 반복하며 흔적을 축적할 때 어느 순간 기적의 순간이 다가올 수 있음을 희망으로 믿고 있다. 이는 암중모색이 1%의 희망을 믿고 절망적인 상황에서도 끈질기고 집요하게 난국을 헤쳐 나가겠다는 각오와 각성의 언어로 다가오는 이유다. 이럴 때일수록 필요한 것은 주어진 문제에 대한 정답을 찾아내는 능력보다 이 난국을 돌파하기 위해 던져야 할 색다른 질문이다. 질문의 성격과 방향이 내가 얻을 수 있는 답의 성격과 방향을 결정하기 때문이다.

불가사의(不可思議)한 세상, 풀리지 않는 질문에게 질문을 던지다

삶을 묻다. 삶이 묻다. 수많은 책을 읽고 고생하며 겪은 고통체험은 많지만 내가 겪은 아픔과 슬픔, 그리고 깨달음과 교훈을 알맞게 표현할 언어는 왜 아직도 내 앞에 나타나지 않는지를 알려주는 언어학자가 왜 없을까. 책상 교훈을 금언처럼 내뱉는 교과서는 많지만 몸속으로 파고드는 인생 교훈이 부족한 이유를 몸으로 증거하는 사람이 늘어남에도 불구하고 나는 아직도 책상머리에서 잔머리 굴리는 시간이 많아지는 이유는 무엇일까. 위태로운 삶을 살아가도 절벽의 바위에 달라붙어서 세파를 견뎌내며 여전히 생명성을 유지하는 소나무의 생존비결을 알려주는 사람은 만나 본 적이 없다. 등나무가 견딜 수 없는 무더위를 온몸으로 받으며 수평으로 뻗어나가며 인간들에게 그늘을 선물해주는 이유를 아는 사람이 있을까. 희망과 절망 중에서 어떤 쪽이 더 무거운지, 그리고 무겁다면 왜 더 무거운지를 알려주는 사람이 없다고 생각하면 왜 더 절망적일까. 절망적인 상황에서도 포기하지 않고 절벽을 붙잡고 기어오르는 담쟁이의 꿈이 무엇인지를 교과서에서는 찾아볼 수 없었다.

묻지 않으면 문이 닫힌다. 이른 새벽 강물의 흐름을 뒤덮고 있는 이불 같은 안개의 속셈이 무엇인지를 알려주는 사람을 만나 본 적이 없다. 새는 무얼 먹고 살길래 비상해서 날기 시작하면 정착지도 목적지도 모른 채 그렇게 오랫동안 무슨 생각을 하며 창공을 날고 있는지 누가 그 비밀을 알고 있을까. 나뒹구는 낙엽은 도대체 어디로 가는지 물어보는 사람은 왜 없는지, 그리고 바람은 낙엽을 어디로 데려가려고 시도 때도 없이 불어대는지 그 이유를 알려주는 스승은 세상에 왜 존재하지 않는지 알 길이 없다. 30년 이상을 병 속에 갇혀 있으면서 그것도 와이너리 속에서 추위에 떨면서 얼어 죽지 않고 버티고 견디다 드디어 세상 밖으로 나오면서 왜 와인은 울지도 않는지 알려주는 소믈리에는 없다. 기다림과 그리움에 사무쳐 지쳐가는 사람을 위로하거나 치료할 수 있는 신약은 왜 개발되지 않는지를 알려주는 약사는 세상에 왜 없을까. 험난한 인생은 언제나 끝날지, 그리고 왜 계획대로 인생은 풀리지 않는지를 명쾌하게 설명하는 이론은 왜 아직도 책에서 발견할 수 없는 것일까.

때가 되면 까만색으로 온몸을 치장한 다음 밝은 세상을 순식간에 먹어치우면서 새벽을 잉태하는 밤의 정체가 무엇인지를 속속들이 밝혀주는 선각자는 왜 주변에 없을까. 숱한 이별을 해도 저녁이면 밤이불 덮고 조용히 침묵을 지키며 긴 밤을 지새우는 나무는 무슨 생각을 하는지 알 수 있는 방법은 무엇일까. 적막한 어둠 속에서도 무서워하지 않고 밤사이에도 하늘 밑에서 침묵을 지키며 자기 자리를 지키고 있는 산은 비바람이 몰아치거나 눈보라가 몰려와도 온몸으로 받아주면서 움츠려들지 않고 꼿꼿하게 자세를 유지하는 비결이 무엇인지 아는 사람이 있을까. 혹한의 추위 속에서도 옷을 입지 않고도 얼어죽지 않으며 나목으로 버티다 새봄을 잉태하는 나무의 신비를 알려주는 나무학자는 어디 있을까.

하루 종일 짓눌리며 세상을 걸어 다니던 신발은 밤새 신발장에서 무슨 생각을 하는지 알려주는 사람은 왜 없을까. 비좁은 가방에 들어가 숨도 제대로 쉬지 못하고 견디던 책이 운 좋게 주인의 손길 덕분에 밖으로 나와 크게 한숨을 쉬는 까닭을 아는 사람은 있을까. 더구나 몇 년 동안 다른 책에 짓눌려 있으면서도 숨막혀 죽지 않고 아직도 살아 숨쉬면서 책갈피 속에 사색하며 견디는 이유를 알고 있을까. 병은 눈에 보이는 도로를 놔두고 보이지 않는 오솔길을 따라 숨죽이며 다가오다 느닷없이 나타나서 사람을 왜 그렇게 아프게 하는지 그 이유를 아는 의사는 왜 없을까. 걱정은 긍정이 그렇게 맛있는 밥을 줘도 먹지 않고 근심만 먹고 버티다 고민과 사귀면서 스스로 고통의 구렁텅이로 빠져 허우적거리는지 아는 심리학자는 왜 없을까.

질문에는 선견지명(先見智明)의 지혜가 숨어 있다

한 많은 세월의 아픔을 속으로 삭이다 거미줄로 세상에 그물을 쳐 놓은 다음 구석 어디선가 기다리는 거미에게 먹이는 언제 오는지 알려주는 예언자는 왜 없을까. 저무는 저녁이

저녁밥 먹으러 다가온다. 하루가 고단했는지 기진맥진이다. 밤이라는 어둠을 이불로 덮고 새벽까지 기다릴 때 오늘은 내일에게 묻고 또 물으며 대답 없는 안부를 남긴다. 정답을 찾는 모범생이 아니라 질문을 던지고 문제를 일으키는 문제아가 우리를 난국에서 구출해줄 구원투수다. 암중모색(暗中摸索)을 넘어 질문으로 암중모색의 시도를 반복하는 문중모색(問中摸索)으로 난국을 돌파해내는 혜안을 모색할 때 생각지도 못한 가능성의 문을 열어갈 수 있다. 오리무중이었던 세상이 오색찬란하게 빛날 날도 있다. 질문을 통해서 길을 찾아가면 암중모색의 시도를 반복할 때, 즉 문중모색하는 와중에 새로운 관문은 반드시 열릴 것이라는 희망이 우리들의 절망을 이겨낸다.

물음표의 질문에는 선견지명(先見智明)의 지혜가 산다. 물음표의 질문은 미래의 가능성뿐만 아니라 다가오는 미래까지도 바꿀 수 있는 놀라운 혜안과 안목을 잉태하고 있다. 현실을 뛰어넘어 놀라운 상상력으로 비상하는 전대미문의 새로운 문제가 물음표와 함께 꿈을 꾼다. 정답을 찾아내는 모범생보다 누구도 던지지 않는 질문을 던져 문제를 제기하는 '문제아'야말로 지금 우리 모두가 필요로 하는 미래의 인재상이다. 문제아가 품고 있는 문제의식과 위기의식 속에 미래를 예견하고 준비하는 선견지명의 통찰력이 똬리를 틀고 있다. 본래 선견지명(先見之明)과 다르게 '지(之)'자를 바꿔 선견지명(先見智明)이라고 쓴 이유는 이 책에 포함된 총 스무 개의 질문을 네 개의 범주로 나누고 각 범주별로 5가지 질문을 구분하기 위해서다.

첫째, 선견지명의 선(先)은 도전과 창조로 변화를 주도하는 질문이 포함되어 있다. 둘째, 선견지명의 견(見)은 관찰과 통찰로 세상을 꿰뚫어보는 질문이 우리들을 색다른 가능성의 세계로 이끌어준다. 셋째, 선견지명의 지(智)는 지혜와 안목으로 미래를 준비하는 데 필요한 질문으로 구성되어 있다. 마지막으로 선견지명의 명(明)은 성찰과 분별로 나다움을 드러내기 위해 던져야 할 질문으로 정리되어 있다. 전두엽을 자극하는 색다른 물음표가 열어가는 미지의 세계로 여러분을 초대한다. 이제 색다른 질문을 던져 그동안 열리지 않았던 전대미문의 관문도 활짝 열어젖히는 도전과 응전의 인생을 맞이하기를 희망한다.

낯선 질문 앞에 전율하는
지식생태학자 유영만, 오늘도 질문을 던지다

프롤로그 후에 생각하는 삶의 질문

서시(序詩)
: 당신은 내게 질문이자 울림이다

"우린 모두 세상에 던져진 질문이다.
우리는 서로의 질문이자 응답이다."

– 박주영의 《법정의 얼굴들》[5] 중에서 –

오늘도 진심을 하루 종일 가슴에 품고 있다
새벽 찬바람에 식지 않도록
포근한 어둠의 이불에 재운다
찬 이슬이 품은 우주의 의미를 담아
영롱한 감동의 느낌표로 전달했지만
알 수 없는 곡선의 물음표로 돌아오는 이유는 무엇일까?

열 길 물속 깊이는 알아낼 수 있는데
한 길밖에 안 되는 사람 속은
깊이 파고들수록 첩첩산중이며 오리무중이다
비밀의 숲 속에서 오늘도 여전히 속 태우며
아무도 알아들을 수 없는 언어로
타오르는 심정을 토해내고 있는 이유가 무엇일까?

햇빛에 데워진 열기 덕분에
물먹은 빨래는 젖은 몸을 말리다
지나가던 바람이 전해준 소식에 어쩔 줄을 모른다
바람이 안부를 묻고 하루의 피로를 씻어주어도
대답 없이 흐느끼며 먼 산만 바라보는
빨래의 심정은 누가 알 수 있을까?

흐르는 강물이 바다로 가는 와중에
바위도 만나고 나무도 만나 하소연하면서
안타까운 시름을 구름과 나눈다
강가에 서 있는 나무들은
지금 이 순간이 이별의 순간임을 알지도 못하면서
나뭇가지들이 힘겹게 흔들리고 있지만
잠시라도 쉬어갈 휴게소를 찾지 못하고
머뭇거리다 뒷물에 떠밀려 내려가는
강물의 사연을 누가 알 수 있을까?

말들이 공기 중의 입자를 타고 날아다니다
부딪혀 소리가 나기도 하고
침묵으로 일관하다 불현듯
깨우치는 발자국 소리가 들린다
책을 읽다가 졸고 있는
독자의 무료함을 죽비처럼 내리치는
발자국 소리는 왜 흔적 없이 허공으로 사라지는 것일까?

단풍잎 다 떨어졌는가 했더니
마지막 잎사귀 남겨 놓고
가을하늘을 가로지르려는 나뭇가지는
허공을 향해 새벽부터 분주하게 흔들린다
무슨 말을 바람에게 전하려고 하는지
아무도 나뭇가지에게 물어보지 않는 이유는 무엇일까?

삭풍을 등진 채 언어가 핏속을 흐르면
말발굽에 짓눌려 숨조차 쉬지 못하던 풀들의 푸른 피도
폭염도 뚫고 질주하며 정다운 친구로 받아준다
잠자던 시냇가 물에게
한 모금의 물을 얻어먹고 식히는 열기에
여전히 여운으로 남은 의미를
왜 언어는 번역하지 못하고 있을까?

길고 긴 시간 서로 눌려 있는 책들의
외마디 아우성은 허공을 맴돈다
억누름의 고통도 참아낸 채,
저마다의 가슴속에 새겨 넣은 지난날의 추억이
애끓는 한 소절의 사랑으로 바뀌어도
흩날리는 낙엽 한 장 멈추게 할 수 없는 까닭은 무엇일까?

산등성이를 감싸 안고 긴 한숨 쉬다
저무는 햇살의 끝자락을 붙잡고
한낮의 열기를 식히는 저녁노을이 숨고르기를 한다
자신의 마지막 순간도 오지 못하게 안간힘을 쏟으며

붉게 타오르는 기운으로
하늘에 그림을 그리는 이유는 무엇일까?

폭풍우가 몰아쳐도 슬픔에 젖은 채 서 있고
눈발이 날려도 외로움에 물든 채 나부끼며
바람에 몸을 맡긴 깃발은
손수건 내밀어도 아랑곳하지 않고
돌담길 창가에 흐르는 구름을 바라보며
풀밭에 자라는 잡초들의 이름을 물어보는 이유는 무엇일까?

천천히 걷다 만난 가로수길 은행나무가
노란 옷으로 갈아입은 채 사라지려는 가을을 붙잡고
고단했던 지난여름의 서글픈 사연을 전한다
잠 못 이루는 밤을 노랗게 밝히며
지나가는 행인들에게 들려주려는 은행나무의 시에는
무슨 의미가 담겨 있을까?

한낮의 햇살이 눈부신 날,
동사들이 목적어를 초대해서 가을 운동회가 열리는 날
느닷없이 추상명사가 나타나서
동사들의 열정적인 움직임이
천박하다는 비난의 화살을 날린 다음
관념의 파편 속으로 몸을 던진 까닭은?

신발에 몸을 싣고 험난한 세상 건너왔지만
추운 겨울에도 따듯한 방에서 자본 적도 없고

열대야가 계속되는 여름에도
시원하게 몸을 식힌 적도 없다
오늘밤도 신발은 묵묵히 누추한 곳에서
피곤한 몸 가누지도 못한 채
아침 출근길을 반기며 분발하라는 신호를 보내는 이유가 궁금하다

온몸이 저려 오는 아픔 속에서도 아물어가는 상처가
타성에 젖은 언어를 만나 하품을 하다
겨울 햇살 기운에 통증이 완화되고
기억의 파편들이 헐벗은 옷을 입고
느닷없이 지상 최대의 파티를 준비하는 까닭은 무엇일까?

오래전 사 놓고 읽지 못하던 책을 펴는 순간
문장과 문장 사이, 행간(行間)에서 떨림으로 기다리다
울림에 반응하며 뛰쳐나오는 행간의 의미는
어떤 내일을 상상하며 긴 시간을 버텨왔는지
아무리 물어봐도 침묵으로 일관하는 이유는 무엇일까?

나이는 자꾸 먹어가고
몸은 늙어가며 생각도 낡아빠져 피해갈 길 막막한데
절벽의 나뭇가지에 걸린 한 가닥 희망을 붙잡고
안간힘을 쓰는 한 사람의 몸부림은
언제쯤 끝날지 알 길이 없다

저무는 저녁에도 아랑곳하지 않고
야경은 한낮의 피곤함도 잊은 채

밤의 축제를 준비하고 있다
바람이 밟고 지나간 발자국을 바라보며
추억의 한 페이지를 회상하는 이유가 궁금하다

당신은 가슴앓이로 온밤을 지새우며 떨고 있지만
나는 당신의 물음표를 가슴에 품고
온몸으로 스며드는 그리움의 향기에 취해 있다
정오부터 달밤을 기다리던 물음표가
오늘도 뒤척이며 잠 못 드는 이유를 아직도 알 길이 없다

달빛 기우는 새벽 밤에
온기 품고 옹기종기 모여 앉은 돌멩이들
어제도 힘들었는데 오늘 하루는 얼마나 힘들까
걱정하며 서로가 서로에게 질문을 던져도
눈만 깜빡이며 부둥켜 끌어안고
별빛만 바라보는 이유는 무엇일까?

> **"질문은 오직 하나뿐,
> 어떻게 이 세상을 사랑할 것인가."**
> – 메리 올리버의 시선집, 《기러기》[6] 중에서 –

先 선

도전과 창조로 변화를 주도하다

042 정상과 비정상: 정상에 간 사람은 정상이 아니다

053 실천과 변천: 실천해야 이전과 다르게 변천한다

065 체험과 보험: 모험이 부족한 사람은 좋은 어른이 될 수 없다

077 실패와 실력: 실패를 해봐야 실력을 쌓을 수 있다

088 깊이와 기피: 깊이 읽지 않으면 기피 대상이 된다

정상과 비정상
: 정상에 간 사람은 정상이 아니다

당신은 정상(頂上)만 바라보는 정상(正常)입니까,
정상을 정복하는 비정상입니까?

 정상(頂上)에 오른 사람은 정상(正常)인가? 정상에 오른 사람은 비정상이다. 정상적인 높이뛰기 선수는 모두 앞으로 넘었다. 앞으로 넘는 사람들의 한계는 2m를 넘지 못하는 데 있다. 한계를 뛰어넘기 위해서는 정상적인 방법으로는 불가능하다. 모든 정상적인 높이뛰기 선수는 앞으로 넘는 방식을 통해 인간의 한계라고 생각했던 2m벽을 넘으려고 했지만 성공한 사람은 아무도 없었다. 다 정상적인 방법으로 넘으려고 시도하다 정상에 도달하지 못했기 때문이다. 그런데 어느 날 한계에 도전하는 사람이 나타났다. 도전하기 전에 한계를 두지 않았고 한계에 도전하는 방법은 정상적이지 않았다. 비정상적인 방법으로 정상에 도전한 사람, 1968면 멕시코 올림픽 때 듣도 보도 못한 방법으로 뒤로 넘는 높이뛰기 선수가 나타났다. 그 사람이 바로 높이뛰기의 전설, 딕 포스버리(Richard Douglas Dick Fosbury) 선수다. 그 사람 이름을 따서 지금은 포스베리 플롭 기법, 배면뛰기가 높이뛰기의 상식이 되었다. 비정상이어야 정상에 도달할 수 있음을 실증적으로 증명해준 셈이다. 딕 포스베리가 처음으로 뒤로 넘었을 때 세상 사람들은 딕 포스베리를 가리켜 상식에 위배되는 몰상식한 사람이며 정상에 시비를 거는 비정상적인 사람이라고 비난하거나 비판하는 사람도 있었다. 하지만 대부분의 사람들은 모두 생각지도 못한 방법이라고 놀라워했다. 정상(頂上)에 오른 딕 포스베리는 분명히 정상(正常)이 아니다. 만약 딕 포스베리도 정상적인 사람처럼 정상적인 방법으로 정상(頂上)에 도전했다면 정상(頂上)을 절대로 정복할 수 없었다. 정상을 정복한 사람은 하나같이 비정상이다.

생각지도 못한 비정상적인 생각은 생각지도 못한 많은 일을 저지르고 당했을 때 비로소 잉태된다. 정상적인 사람들의 발상은 인간의 신체구조상 2m를 절대로 넘을 수 없다고 생각했다. 정상적인 사람들은 정상분포 곡선에 갇혀서 정상적인 사유와 상식, 그리고 타성과 고정관념에 얽매여 사는 사람이다. 딕 포스베리 선수 덕분에 인간의 높이뛰기 한계는 2m가 아님을 알게 되었다. 딕 포스베리가 정상 정복에 도전한 방법은 정상적인 사람들과 다른 비정상적인 방법이었다. 정상에 가려면 비정상이어야 한다. 비정상만이 정상에 갈 수 있다. 정상에 가고 싶다면 정상적인 사람과 어울리면 안 된다. 정상적인 사람과 어울릴수록 정상에서 멀어진다. 비슷한 생각과 행동방식을 공유하는 정상적인 사람끼리 만날수록 다른 세계의 가능성을 엿볼 수 없다.

모난 돌이 정맞는다는 말이 통용되는 이유다. 누군가 정상을 벗어나는 이상한 생각과 아이디어를 제기하면 그것도 아이디어냐고 비웃거나 비아냥거린다. 한 사람의 독특한 생각을 소속된 집단에서 받아주지 않는다. 정상적인 면접관이 많은 신입사원 후보생을 두고 면접을 본다. 대부분 정상적인 신입사원만 입사가 결정되는 이유는 단 한 가지, 면접관이 정상이기 때문에 비정상적인 사유를 즐기는 사람은 입사 자체가 불가능하다. 힘겹게 비정상적인 사람이 입사를 했다고 할지라도 회사 생활을 즐겁게 영위하는 데에는 많은 장애와 걸림돌이 기다릴 것이다. 다수의 정상적인 사람이 소수의 비정상적인 사유를 즐기는 사람을 그냥 내버려두지 않기 때문이다.

'몰상식'한 사람이 '상식'을 뒤집는다. 그렇지 않으면 '상식'이 뒤집혀 '식상'해진다. 사과 10개 중에 3개 먹으면 몇 개 남느냐는 질문에 어떤 학생이 손을 들고 자신 있게 대답했다. 3개 남는다고, 왜냐하면 엄마가 그러는데 "먹는 게 남는 거"라고 말씀하셨다고. 10개 중에 3개 먹으면 3개 남는다고 대답한 학생은 선생님에게 꾸중을 듣고 급기야 엄마를 학교에 부른다. 아이가 비정상이라고. 아이를 엄마가 야단을 쳐서 10−3=7이라고 정상적인 답을 쓰고 나서야 집으로 데리고 간다. 학교를 오래 다닐수록 틀에 박힌 사유를 하게 되는 이유는 비정상적인 사유를 인정받지 못하고 조롱을 당하기 때문이다.

　우리 교육은 좌뇌를 집중적으로 훈련시켜 논리적이고 분석적이며 합리적인 정상적인 사람을 대량 양산해왔다. 예술가적 상상력을 발휘해서 색다른 미지의 세계로 향하는 상상력을 발휘하면 판검사가 바로 나타나서 논리적으로 모순이라고 하면서 싹이 트기도 전에 싹을 잘라버리는 경우가 많다. 우뇌를 통해 상상력을 발휘하면서 기대 밖의 대답을 하면 비정상적인 아이로 낙인찍힌다. 좌뇌로 논리적인 사고를 하는 훈련을 받은 우리는 우뇌로 틀 밖에서 뜻밖의 상상력을 발휘하는 방법을 배워본 적이 거의 없다. 틀 밖의 사유를 하면 비정상적인 사람으로 생각되어 심한 질책이나 비난, 조소와 조롱을 받기고 한다. "전대미문의 새로운 아이디어를 내면 세상 사람은 처음에 무시(ignore)한다. 그리고 참을 수 없는 조소와 조롱(laugh)을 보내고 서서히 세상을 움직이는 화두로 바뀌면서 저항(fight)하는 사람이 나타나다 마침내 내가 세상을 이끄는(win) 사람으로 부각된다." 마하트마 간디의 말이다.

비정상적인 사람은 정상적인 사람이 보기에 비정상이다. 정상적인 사람은 비정상적인 사람이 보기에 비정상이다. 서로가 옳다고 믿는 신념체계나 가정, 올바른 삶의 이상적인 지향점이 다르기 때문이다. 비정상적인 사람은 늘 하던 방식을 그대로 답습하지 않고 새로운 방법으로 이전과 다르게 시도해보려고 노력한다. 그것이 이들이 살아가는 이유를 드러내는 한 가지 방식이기 때문이다. 비정상적인 사람은 그래서 언제나 딴 길(別路)로 빠져서 딴 세상(別天地)을 보려는 도전을 늘 즐기려고 한다. 딴 길을 가봐야 딴 생각을 할 수 있고 지금과는 다른 색다른 도전을 시도할 수 있다. 딴 길을 한자로 쓰면 별로(別路)다. 말 그대로 특별한 길이다. 이제까지 가보지 않은 길이다.

이제까지 가보지 않은 길을 가봐야 지금까지 걸어온 길에서 느낄 수 없었던 색다른 체험적 자극을 받을 수 있다. 남이 걸어간 길을 전속력으로 달려가봐야 목적지에 도착하면 허망함만 남을 뿐이다. 남이 걸어간 길을 뒤쫓아 가는 사람은 가슴이 뛰지 않는다. 색다른 발견과 경이로운 체험의 기회가 없기 때문이다. 색다른 체험적 자극을 받지 않은 이상 우리 뇌는 색다른 방식으로 작동하지 않는다. 틀에 박힌 일상적 경험이 계속되는 한 뇌는 이전과 다른 방식으로 움직이지 않는다. 직접 몸을 움직여 가보지 않은 곳을 가보고 이제까지 읽어보지 않은 책을 읽는 지적 자극을 받아야 생각지도 못한 생각과 행동을 할 수 있다. 비정상적인 생각은 비정상적인 방법으로 낯선 환경에 노출되어야 가능하다. 틀에 박히면 절대로 뜻밖의 색다른 생각은 잉태되지 않는다.

그런데 딴 길을 가보는 사람, 즉 별로(別路)를 걸어가는 사람을 보고 많은 사람들은 '별로'라고 말하거나 '별꼴이네', '별 볼 일 없다'는 비꼬는 투로 말하는 사람이 있다. 그런 사람치고 '별'이 된 사람은 본 적이 없다. 하늘의 별을 따기는 어렵지만 그럼에도 불구하고 별을 따는 사람은 하나같이 다 비정상적인 시유를 즐기는 사람이다. 그런 사람은 남과 다른 방식으로 생각하고 행동한 사람이다. 하늘의 별을 따는 사람은 많은 사람이 불가능하다고 생각한 한계에 도전한 사람이다. 누군가는 도전해보기도 전에 한계선을 긋고 불가능하다고 말한다. 그런데 누군가는 한계라고 생각한 지점에서 도전을 시작한다. 바로 그 사람이 딴 길을 가는 사람이고 딴생각을 하는 사람이며 딴 세상을 만날 수 있는 사람이다.

신입사원으로 새로운 일을 시작하자마자 주어진 분야의 전문성을 쌓기 위해 다른 분야는 완전히 무시하고 한 우물을 파는 사람은 전문가는 될 수 있어도 전문가를 뛰어넘는 식견과 안목을 갖기는 어려울 것이다. 한 우물을 파는 사람은 모두 정상이다. 비정상적인 사람은 한 우물을 파되 자신이 판 우물에 매몰되지 않고 색다른 전문성과 부단한 접속을 통해 낯선 사유를 잉태하려는 노력을 부단히 전개한다. 똑같은 문제가 발생했어도 정상적인 전문가는 자기 분야의 지식과 기술을 동원해서 해결하려고 하지만 비정상적인 전문가는 다른 분야의 전문성도 내가 직면한 문제 상황에 동원해서 해결하려고 노력한다. 깊이만 파는 정상적인 전문가는 기피 대상이 될 수 있다. 오늘날 우리가 직면하고 있는 많은 문제는 한 분야의 전문가가 지니는 전문성만으로 해결하기 어려운 복잡한 문제이자 위기이며 난국이다. 이런 상황에서는 저마다의 전문성을 지닌 사람이 열린 마음으로 만나 각자의 전문성을 다른 전문성과 어떻게 융합하면 색다른 대안을 모색할 수 있을지를 진지하게 논의하고 탐색해봐야 한다.

정상에 선 사람은 정상이 아니다

　비정상적인 전문가는 늘 내가 지니고 있지 않는 낯선 전문성과의 우발적 마주침을 즐긴다. 세상을 뒤집어 엎는 색다른 가능성은 낯선 전문성이 우연히 충돌하면서 생긴 경우가 많다. 한 우물만 파고 들거나 깊이 없이 넓이만 추구하는 사람은 모두 기피 대상이 된다. 파고든 전공의 깊이와 확장된 교양의 넓이를 동시에 추구할 때 지금 우리가 겪고 있는 난국을 돌파할 실마리를 마련할 수 있다. 지금까지 살아온 세상과 딴 세상을 만나려거든 딴생각과 딴짓을 해보고, 전공 서적을 기본으로 읽되 딴 책도 읽어야 한다. 정상(頂上)을 정복(征服)한 사람은 모두 딴짓을 하면서 딴생각을 만들어 가려고 발버둥을 친 비정상이다. 그들은 모두 정상적인 사람이 하지 않는 다른 방법, 비정상적인 방법으로 생각하고 도전했던 사람들이다.

비정상적인 사람은 발상을 뒤집어 언제나 역발상을 생활화했으며, 상식에 매몰되어 식상한 생활을 하지 않았다. 비정상은 정상적인 사람의 생각에 동의하지 않고 언제나 물음표를 던져 의문을 품고 문제를 비정상적인 방법으로 해결한다. 많은 철학자가 이성이 신체를 지배한다는 가정을 근간으로 서양철학을 발전시켜 왔다. 신체가 품고 있는 욕망은 변덕스럽기 때문에 냉철한 이성의 통제를 받아야 한다고 생각했다. 하지만 기존 철학을 망치로 깨부수고 그 위에 언제나 새로운 철학을 세우려고 노력했던 전복의 철학자 니체는 이런 생각을 뒤집었다. 과연 이성이 신체를 지배할 수 있으며 지배하는 것이 타당한 논리인가? 니체는 그동안 서구철학을 지배해 온 이성 지배 패러다임을 뒤집어서 신체가 오히려 이성을 지배한다는 신체 중심 철학을 처음으로 제시한 비정상적인 철학자였다. 신체가 없는 마음과 이성은 사상누각이나 다름 없다. 신체성이 담보되지 않는 그 어떤 담론도 무용지물이다.

이처럼 정상적인 사람은 세상의 통념을 따르는 모범생이지만 비정상적인 사람은 통념을 통렬하게 비판하고 남들이 정한 한계에 도전하는 모험생이다. 모범생은 정해진 길 위에서 정상적인 생각으로 누군가 걸어간 길을 따라간다. 하지만 모험생은 남들이 걸어가지 않은 위험한 길을 선택해서 모험을 거듭하며 정상적인 생각에 시비를 거는 비정상적인 발상을 일삼는다. 비정상적인 사람의 생각은 위험하다. 니체도 지적했지만 위험한 시작이 위대한 작품을 탄생시킨다. 평범한 발상은 평범한 작품을 낳지만 비범하고 위험한 발상이 전대미문의 새로운 작품을 낳는다. 위험한 생각을 품고 위험하게 살아가는 사람이 정상적인 사람의 위험한 삶을 구원해줄 수 있다. 정상에 간 비정상적인 사람은 정상에 올라갔다고 거기서 머무르지 않는다. 또 다른 정상을 향해 비정상적 보행을 계속하면서 정상에 이르는 방법과 여정도 남다르다. 평범하지만 진지하게 반복하는 '보행'이 어느 순간 남다른 '행보'가 탄생하는 비결이다.

2015년도에 지인들과 함께 아프리카 탄자니아에 있는 아프리카의 지붕, 킬리만자로 정상에 등반한 경험이 있다. 4700m 고지의 마지막 베이스 캠프에서 정상을 향해 밤 11시에 출발을 했다. 7~8시간의 사투 끝에 정상에 도달했지만 거기에 이르는 길은 만만치 않았다. 정상 등반 2/3 지점에서 극도로 피곤함이 몰려오고 체력이 바닥날 즈음, 중대 결정을 해야 했다. 더 이상 오를 수 없을 정도로 몸의 컨디션이 좋지

> "
> 정상에 이른 사람의 공통점은
> 비정상적 사유와 행동방식을 즐긴다는 것이다
> "

않았다. 진퇴양난(進退兩難)의 위기가 온 것이다. 극한의 위기가 왔을 때 마인드로 신체를 통제할 수 없음을 깨달았다. 몸이 망가지면 마음도 정신도 거주할 공간이 없어진다. 몸은 그래서 마음이 거주하는 우주다. 몸이 따라주지 않을 때 마음이나 이성이 몸을 아무리 통제하고 지배하려고 해도 말을 듣지 않는다. 몸이 맘과 정신을 지배한다는 점을 극한의 한계 상황에서 깨달았다. 니체가 주장한 신체 중심 패러다임을 몸으로 증명한 셈이다. 진퇴양난의 위기 또한 정상적인 사람들이 만든 사자성어라는 점도 몸으로 깨달았다. 앞으로도 못 가고 뒤로도 못 가는 위기는 없다. 옆으로 가면 된다. 진퇴양난의 위기상황에서 몸을 움직이지 않고 고민을 거듭해봐야 죽음을 맞이하는 길밖에 없다. 결단을 내리고 옆길로 새서 우회하지 않고 검토를 거듭하다 목숨까지 잃을 수 있다는 사실을 몸으로 알게 되었다.

실천과 변천
: 실천해야 이전과 다르게 변천한다

당신은 검토만 하다 실기(失期)합니까,
실천(實踐)해서 기회를 잡고 있습니까?

실천하지 않고 검토를 거듭하다 천박해진 사람들의 공통점

 실천은 나를 바꾸고 세상을 바꾸는 가장 강력한 방법이다. 실천을 가로막는 장애물은 여러 가지다. 실천이 의도대로 되지 않는 이유는 실천하는 과정에서 수많은 변수들이 관여하기 때문이다. 특히 실천하기 전에 너무 많은 준비를 하거나 계획을 완벽하게 수립하다 실기(失機)하는 경우도 많이 발생한다.

 학교에 오기 전에 대기업에서 5년간 실무 체험을 한 적이 있다. 많은 일들이 기획 관련 업무라서 실천 이전에 계획을 수립하고 그 타당성을 검증하는 데 투자되는 시간과 노력이 실천하는 노고보다 더 많았다. 1년을 가까이 검토에 검토를 거듭하다 결론은 하지 말자는 의사결정이 이루어져서 결국 종이 위에서 열심히 검토하다 사장된 계획도 있다. 계획은 오로지 실행되는 가운데 그 가능성과 한계를 알 수 있다. 하지만 우리는 실행하기 이전에 가능하면 완벽하게 계획을 세우고 준비하려는 성향과 습성 때문에 어떤 계획들은 실행도 되기 이전에 물 건너가는 경우가 많다.

완벽한 계획을 세우다 완벽하게 실행에 옮기지 못한다. 그럼에도 불구하고 완벽주의 성향 때문에 완벽한 준비를 갖추며 완벽한 계획을 수립하다 실행에 옮기기 전에 무용지물이 된다. 계획의 적용대상은 이전 계획이 더 이상 통용될 수 없을 정도로 급격하게 변하는 환경이다. 1998년 대기업에서 국립대학으로 자리를 옮겼다. 학기 중에 해외 학회 발표를 하기 위해 출장을 신청한 적이 있다. 교무위원이 모여서 장기간 검토를 거듭했다. 학회 날짜는 다가오고 교무회의에서 의사결정이 이루어지지 않는다. 학기 중에 출장 간 관례가 없다는 이유다. 그래서 그냥 출장을 갔다 왔다. 이미 학회에 갔다 왔음에도 교무회의는 아직 검토 중이다. 이미 끝난 사안을 검토하는 교무위원 회의에 강한 회의가 드는 이유는 무엇일까?

전국 검토능력경진대회 출전해서 우승한 사람들의 공통점

한국인이 지니고 있는 세계 최고의 경쟁력이 바로 검토능력이라고 한다. 지나치게 생각을 많이 하면 행동하지 않고 그냥 지나친다. NATO는 북대서양 조약기구가 아니라 No Action Talking(또는 Thinking) Only의 약자다. 행동하지 않고 검토를 계속하거나 생각의 꼬리를 물고 생각만 계속하는 사람을 지칭해서 나토족이라고 한다. 우리나라는 이미 NATO에 가입해서 검토에 검토를 거듭하다 적극 검토하는 세계 최강국 대열에 이미 들어섰다. 검토를 너무 많이 하다 보니 정말 구토(嘔吐)가 나올 지경이다. 우리나라가 보유하고 있는 세계 최고의 경쟁력 중의 하나가 바로 검토능력인 이유는 검토를 거듭하다 적극 검토하는 일을 가장 많이 하고 있는 나라 중의 하나로 손꼽히기 때문이다.

어떤 사안이라도 검토에 검토를 거듭한다. 그리고 검토하고 검토해서 적극 검토해본 결과 다시 검토할 일정을 잡는다. 검토하는 일이 다반사가 되다 보니 검토하는 다양한 위원회가 난립한다. 위원회가 너무 많이 운영되다 보니 위원회를 관리하는 위원회가 생길 정도다. 그 위원회도 1년 내내 검토에 검토를 거듭하다 해를 넘기고 다시 검토를 시작한다. 국회의원이 장관에게 대정부 질의할 때 조목조목 따지면서 답변을 요구한다. 그럼 장관이 "검토해보겠다"고 대답한다. 국회의원은 성에 차지 않아서 더 적극적으로 따지고 물어본다. 그럼 장관은 "적극 검토해보겠다"고 대답한다. 적극 검토하는 와중에 이미 세상을 바뀌었고, 검토하는 사안은 더 이상 이슈가 되지 않는다.

생각에 생각을 거듭하다 보면 전혀 일어날 것 같지 않은 일도 미리 당겨서 그 위험과 두려움을 고민하고 안 해도 되는 걱정을 계속하다 보면 이제 생각은 느낌 다음에 시작된다. 즉 느낌이 가슴으로 오면 머리로 올라가 생각을 시작하기 전에 뭔가를 결단하고 즉시 행동하지 않으면 생각이 시작되면서 행동으로 옮기기는 불가능에 가까워진다. 너무 생각만 하지 말고 조금 생각하고 의심쩍어도 일단 행동해보고 실천에 옮기면서 안 되면 이전과 다르게 시도하면서 생각해도 늦지 않다. 실천하지 못하는 이유는 실천하지 않고 생각하기 때문이다. 느낌이 왔을 때 바로 몸을 던져 실행에 옮기지 않으면 머리는 그때부터 안 해도 되는 이유나 합리화를 시작한다. 시작하지 못하는 이유는 시작하지 않기 때문이다. 시작하는 유일한 방법은 그냥 시작하는 것이다. 그냥 시작하지 않으면 다양한 변수를 검토 대상에 올려놓고 이해타산을 따지기 시작한다. 실패할 수 있는 가능성과 실천하면서 나타날 수 있는 위험요인을 미리 앞당겨 생각하면서 생각은 또 다른 생각의 꼬리를 물기 시작한다. 생각이 거듭될수록 생각하는 머리는 행동으로 옮길 수 없는 이유를 둘러대기 시작한다. 세상을 바꾸는 사람은 위대한 생각을 가진 사람도 아니고 엄청난 아이디어를 품고 있는 사람도 아니다. 생각은 생각으로 끝나고 아이디어는 아이디어일 뿐이다. 생각과 아이디어는 현실이라는 텃밭에서 씨앗을 뿌리고 싹이 나야 비로소 의미가 생긴다. 세상을 바꾸는 사람은 하찮은 생각을 갖고 있어도 별 볼 일 없는 아이디어를 품고 있어도 그 생각과 아이디어를 갖고 과감하게 도전하면서 바로 행동하는 사람이다. 작은 아이디어라도 실천에 즉시 옮기는 사람이 세상을 변화시키는 진정한 리더다. 생각대로 되지 않으면 다시 시도하면 된다. 넘어지고 자빠지면 일어나면 된다. 실패하면 패인을 분석하고 다음에 다시 실패하지 않도록 이전과 다르게 시도하면 된다.

실행하기 전에 방법을 구상하는 게 아니라 실행하면 방법이 떠오른다

지금 당장 생각은 그만하고 행동하면서 실천에 옮기다 보면 생각에 생각을 거듭했던 생각이 쓸데없는 생각이었다는 점이 드러나고 생각이 쓸 때가 되면 쓸 데 있는 생각으로 드러나는 유일한 방편도 바로 생각을 실천에 옮기는 경우다. 쓸 때가 되면 쓸 데가 생긴다. 쓸모 없는 생각은 없다. 다만 생각만 계속하면 진짜 쓸모 없는 생각이 나온다. 쓸모 있는 생각은 행동하면 나타난다. "일단 내 앞에 있는 조잡한 도구로 시작하라. 망치로 삽을 만들면 삽으로 사과나무를 심고 사과 열매를 팔면 책을 살 수 있다. 시작을 해야 능력의 확장이 일어난다." 은유의 《글쓰기의 최전선》[7]에 나오는 말이다. 우리는 시작하기 전에 어떻게 추진할 것인지를 너무 오랫동안 고민한다. 고민에 고민을 거듭할수록 고민은 해결되지 않고 더욱 생각하는 고민만 꼬이기 시작한다. 망치로 삽을 만들기 전에 어떻게 만들 것인지를 고민하면 삽으로 사과나무를 심을 생각은 꿈에도 하지 못한다. 일단 시작하면 지금 취하는 행동이 다음 행동을 위한 아이디어를 불러오고 그 아이디어로 실행에 옮기면 생각지도 못한 방법이 떠오른다. 망치로 삽을 만들어서 결국 사과를 팔아서 책을 사는 과정까지 책상에서 아무리 기획을 해도 잘 진전되지 않는다. 일이 생각보다 효과적으로 추진되는 경우는 어느 정도의 구상을 갖춘 다음 일단 시작할 때 많이 일어난다. 시작하지 않으면 어떤 시작도 할 수 없다. 시작하는 시행착오가 판단착오를 줄여주고 결과적으로 시작된 일이 검토 중인 사안보다 훨씬 효과적인 산출물을 만들어낸다.

실행하면 실행하기 전에 생각지도 못했던 방법도 떠오른다. "방법을 가지고 쓰는 것이 아니라 정말 쓰고 싶어 하면 손이 움직인다. 대상이, 상황이, 문제가 길을 알려준다. 가난한 어머니가 별 재료 없이도 어떻게든 음식상을 차려 내듯 글쓰기란 백지 위에 펜으로 어떻게든 뭘 적어 내는 것이다. '어떻게든'은 눈물겨운 것이다. 방법은 실행 속에 있다." 이영광의 《나는 지구에 돈 벌러 오지 않았다》[8]에 나오는 말이다. 모든 사람이 다 계획을 갖고 실천하지 않는다. 물론 어느 정도의 계획은 필요하다. 아무렇게 즉시 실천에 옮기라는 말이 아니다. 실천을 이루고 싶은 꿈에 대한 간절한 열망, 지금 시작하지 않으면 안 되는 절체절명의 위기의식, 오랫동안 화두로 고민하면서 기회를 엿보면서 키워온 심각한 문제의식은 어떤 방법이나 수단보다 강력한 임팩트를 내포하고 있다. 이런 위기의식이나 문제의식으로 출발하면 생각했던 마음속의 장애물이나 걸림돌은 오히려 디딤돌로 작용하면서 무서운 추진력이 생긴다. "방법은 실행 속에 있다"는 말은 완벽한 계획 수립이나 준비 자체를 철저하게 하지 않으면 일을 시작하지 않는 완벽주의자에게 주는 경고이자 금언이다. "시작하라/다시 또다시 시작하라"로 시작하는 엘렌코트의 시, 〈초보자에게 주는 조언〉이라는 시에는 "완벽주의자가 되지 말고 경험주의자가 되라"는 말이 나온다. 완벽주의자로 살아가면서 완벽하게 생각만 하지 말고 우선 경험하면서 배우는 것이 훨씬 많은 체험적 지혜를 배울 수 있다는 말이다. 완벽하게 시작하려다 그 어떤 경험도 해보지 못하고 기회를 놓치는 것보다 우선 시작하고 시도하면서 몸으로 깨닫는 체험적 지혜를 쌓아나가는 길이 가장 소중한 깨달음을 얻는 방법이 아닐까.

행동이 통찰을 낳고 실천이 영감을 불러온다

"인간의 머리란 식료품 상점과 같은 거예요. 계속 계산합니다. 얼마를 지불했고 얼마를 벌었으니까 이익은 얼마고 손해는 얼마다. 머리란 좀 상스러운 가게 주인이지요. 끈을 자를 수도 없지요. 아니, 아니야! 더 붙잡아 맬 뿐이지. 이 잡것이! 끈을 놓쳐버리면 머리라는 병신은 그만 허둥지둥합니다. 그러면 끝나는 거지. 그러나 인간이 이 끈을 자르지 않을 바에야 살맛이 뭐 나겠어요?" 니코스 카잔차키스의 《그리스인 조르바》[9]에 나오는 말이다. 계획과 계산은 머리가 담당한다. 전후좌우 상황을 상정해 놓고 어떻게 추진하는 것이 가장 효율적인지를 숙고하고 판단해서 결정한다. 문제는 계획이나 계산이 실제 상황에서 일어나는 생각지도 못한 우발적

실천해야 이전과 다르게 변신한다

사건을 고려할 수 없다는 점이다. 계획을 세우고 계산했지만 예기치 못한 상황적 특수성으로 갑자기 사건이 발생하면 구상했던 계획대로 일이 풀리지 않고 전혀 다른 방향으로 흘러갈 수도 있다. 이런 상황을 어느 정도 예측할 수 있지만 예측 자체가 불가능한 복잡한 상황에서 난국을 타개하는 유일한 방법은 계산된 생각을 실천 현장에서 검증해보는 수밖에 없다.

현장검증을 거치지 않은 모든 생각과 아이디어는 무력한 관념의 파편이다. 생각이 실천될 때 한 사람의 생각은 깊은 논리체계를 띤 사고양식으로 자리 잡는다. 아이디어는 현장에 구현되면서 새로운 창조로 빛을 발할 때 비로소 세상을 바꾸는 혁명의 씨앗으로 발아된다.

"무엇 하나 계획대로 되지 않는 세상에서 우리가 성공적으로 살아남을 수 있는 유일한 방법은, 무슨 일이든 다 시도해보는 것이다. 놀이하듯 즐겁게, 그리고 일시적이고 즉흥적으로 해보는 것이다." 빈스 에버트의 《세상에서 가장 기발한 우연학 입문》[10]에 나오는 말이다. 시도하면 왜 안 되는지 몸으로 느낌이 온다. 언어화시킬 수 없는 놀라운 체험적 각성이 지혜로 축적되면서 경지에 이르는 자기만의 노하우를 체득하는 것이다. 하다 보면 내 생각이 얼마나 관념적이고 현실 논리와 동떨어진 허무맹랑한 몽상이나 망상이었는지도 뼈저리게 느낀다. 생각만 갖고서는 세상의 흐름을 뒤집는 놀라운 통찰력을 얻어낼 수 없다. "통찰이 행동으로 이어지기보다 행동이 통찰로 이어지는 경우가 더 많다." 칩 히스와 댄 히스의 《순간의 힘》[11]에 나오는 말이다.

생각이 통찰을 낳기보다 행동이 통찰을 낳는다는 말에서 여전히 생각보다 실천 속에서 이전과 다른 놀라운 깨달음이 쏟아진다는 점을 확인할 수 있다. 생각만 해본 사람은 당해본 사람을 못 당한다. 앉아서 계속 생각의 꼬리를 물고 생각하는 사람은 나가서 생각지도 못한 일을 당한 사람의 생각을 따라갈 수 없다. 몸으로 익힌 생각의 변화는 머리로 계산하는 생각을 언제나 능가한다. 그래서 프로는 언제나 어제와 다르게 몸을 움직여 실천하면서 근육기억(muscle memory)으로 자신의 몸을 관리해나간다. 근육기억은 머릿속의 기억보다 본능적으로 작동하며 더 정확하다. 머리가 명령을 내리기 전에 무의식적으로 움직이는 몸의 기억이 경지에 오른 사람의 설명할 수 없는 체험적 지혜다.

"아마추어가 영감을 기다릴 때 프로는 작업한다." 사실주의 화가, 척 클로스(Chuck Close)의 말이다. 프로는 오늘도 어제와 다르게 조금 더 노력한다. 어떻게 할 것인지를 오랫동안 생각하지 않고 일단 몸을 움직여 어제와 다른 실천을 진지하게 반복할 뿐이다. 영감은 무수한 실천 속에서 갑자기 떠오르는 기적의 선물이다. 마감 시간만 기다리며 생각을 거듭하는 사람에게 영감은 영원히 다가오지 않는 감각적 깨달음이다. 영감은 오로지 갈급한 문제의식과 위기의식으로 치열하게 문제와 싸우는 사람에게만 다가오는 영혼을 울리는 감동이다.

아마추어는 오늘도 상황이 좋지 않다느니, 아직 때가 되지 않았다느니, 준비가 덜 되었다느니 등과 같은 핑계를 찾아내느라고 분주하다. 프로는 오로지 묵묵히 어제와 다른 실천을 진지하게 반복할 뿐이다. "발명은 천재가 하는 거고, 발견은 성실한 사람이 하는 거다." 월간 윤종신 발행자, 가수 윤종신

> "
> 생각만 해본 사람은
> 당해본 사람을 못 당한다
> "

의 말이다. 성실한 사람은 꾸준히 자신한테 맡겨진 일을 성실하게 수행하다 보면 어제와 다른 가능성이 있음을 발견한다. 발견은 보이지 않았던 것이 새롭게 보이는 것이다. 관점의 전환과 더불어 진지한 노력이 합작해낸 감탄사다. 발견하고 싶으면 색다른 생각이 나에게 올 때까지 기다리지 말고 몸을 던져 현장에서 시도하고 실험하라. 완벽한 때를 기다리다 몸에 때만 낀다.

체험과 보험
: 모험이 부족한 사람은 좋은 어른이 될 수 없다

당신은 안전지대에서 안락하게 지냅니까,
위험을 무릅쓰고 모험을 감행합니까?

진짜 생각은 몸으로 실천하면서 가슴으로 느끼는 것이다

"영어로 '경험'을 뜻하는 'experience'는 라틴어로 '실험'을 뜻하는 'experimentia'에서 유래했으며 라틴어로 '위험'을 뜻하는 'periculum'과도 연관이 있다." 로먼 크르즈나릭의 《인생은 짧다 카르페 디엠》[12]에 나오는 말이다. 위험을 무릅쓰고 직접 경험해보지 않고서는 지혜는 몸으로 체득할 수 없다. 일본 철도(JR: Japan Railroad) 카피 중에 "모험이 부족하면 좋은 어른이 될 수 없어."라는 말이 나온다. 책상에 앉아서 인생의 참맛을 느낄 수 없고 세상을 살아가는 지혜를 터득할 수 없다는 말이다. "세상에서 가장 안전한 보험은 위험함을 무릅쓰고

> **"인생에서 가장 큰 결실과 가장 큰 즐거움을
> 거둘 수 있는 비결은 위험하게 사는 것이다."**
>
> – 니체 –

모험을 거듭하면서 축적한 체험이다." 유영만의 《나는 배웠다》[13]에 나오는 말이다. 체험은 머리로 배우기보다 몸으로 익히는 과정이다. 머리로 배우기만 하고 몸으로 익히는 활동을 하지 않으면 머릿속에 야적된 지식은 모래알처럼 파편화된다. 학이불사즉망(學而不思則罔), 사이불학즉태(思而不學則殆). 배우기만하고 생각하지 않으면 얻는 것이 없고, 생각하기만 하고 배우지는 않으면 위태롭다. 《논어》 '위정(爲政)' 편에 나오는 말이다.

여기서 생각은 머리로 생각하는 걸 넘어선다. 진짜 생각은 몸이 하는 것이다. "사(思)는 생각이나 사색의 의미가 아니라 실천의 의미로 읽어야 합니다. 그것이 무리라고 한다면 경험적 사고로 읽어야 한다고 생각합니다. 글자의 구성도 전(田)+심(心)입니다. 밭의 마음입니다. 밭의 마음이 곧 사(思)입니다. 밭이란 노동하는 곳입니다. 실천의 현장입니다." 신영복의 《강의》[14]에 나오는 말이다. 노동하는 곳에서 일하는 사람의 생각이 생긴다. 책상에 앉아서 고민하면서 생기는 생각은 노동을 통해 몸에 각인되는 생각보다 건강하지 못하다.

신영복 교수는 더 나아가 '학(學)'을 보편적 사고라고 하고 '사(思)'를 구체적인 상황에서 일어나는 주관적인 경험이라고 말한다. "경험과 실천의 가장 결정적인 특징은 현장성(現場性)입니다. 그리고 모든 현장은 구체적이고 조건적이며 우연적입니다. 한마디로 특수한 것입니다. 따라서 경험지(經驗知)는 보편적인 것이 아닙니다. 학(學)이 보편적인 것(generalism)임에 비하여 사(思)는 특수한 것(specialism)입니다. 따라서 '학이불사즉망(學而不思則罔)'의 의미는 현실적 조건이 사상(捨象)된 보편주의적 이론은 현실에 어둡다는 의미입니다. 반대로 '사이불학즉태(思而不學則殆)'는 특수한 경험적 지식을 보편화하는 것은 대단히 위험하다는 뜻이 됩니다." 지금 우리 교육의 가장 심각한 문제는 '학(學)'을 지나치게 강조한 나머지 구체적인 현장이나 특수한 상황에서 일어나는 경험적 사고를 간과하거나 무시한다는 데에 있다. 현장의 특수성이나 구체성을 일반화시켜 이론적인 앎을 현장과 격리시켜 배우고 가르치는 지금의 교육 패러다임은 전면적인 해체위기에 처해 있다. 그리고 생각하는 '사(思)'를 책상에서 잔머리 굴려가면서 현장과 무관하거나 독립적으로 일어나는 순수한 생각이라고 오해하는데 문제의 심각성이 놓여 있다. 진짜 생각(思)은 머리(田)와 가슴(心)이 하나가 되어 몸으로 체험하면서 가슴으로 느끼고 머리로 정리하는 과정에서 생긴다. 하지만 우리 교육은 실천이 실종된 머리로 이해하는 교육에 집중되어 있다.

"우리 섬의 어른들은, 비록 오뉘죽의 맛에 날카롭지는 못했어도, 소금 그 자체의 맛에는 너나없이 귀신들이었다. 소금 한 알갱이를 입에 넣으면, 섬의 동쪽 염전 소금인지 서쪽 염전 소금인지, 초여름 소금인지 늦가을 소금인지, 어김없이 알아맞혔다." 황현산의 《밤이 선생이다》[15]에 나오는 말이다. 소금 맛을 보고 소금의 원산지를 정확하게 맞출 수 있는 능력은 이론적으로 가르칠 수 없다. 원산지별 소금 맛을 언어로 표현할 수 없기 때문이다. 오로지 다양한 시도 끝에 몸으로 그 미묘한 맛의 차이를 감별할 수 있는 능력이 생기는 것이다. 경험하지 않고서는 배울 수 없는 체험적 지혜는 오로지 몸으로 익히고 몸으로 체험하며 깨닫는 수밖에 없다. "사랑에 관해 물으면 한 수 시까지 읊겠지만. 한 여인에게 완전한 포로가 되어본 적은 없을걸? 눈빛에 완전히 매료되어 신께서 너만을 위해 보내주신 천사로 착각하게 되지. 절망의 늪에서 널 구하라고 보내신 천사! 또한 한 여인의 천사가 되어 사랑을 지키는 것이 어떤 건지 넌 몰라. 그 사랑은 어떤 역경도…… 암조차 이겨내지. 죽어가는 아내의 손을 꼭 잡고 두 달이나 병상을 지킬 땐 더 이상 환자 면회 시간 따위는 의미가 없어져. 진정한 상실감이 어떤 건지 넌 몰라. 타인을 나 자신보다 더 사랑할 때 느낄 수 있는 거니까. 누굴 그렇게 사랑한 적 없을 거야." 영화 〈굿 윌 헌팅〉에 나오는 대사다. 사랑학개론 책을 아무리 읽어도, 사랑에 관한 이론적 진리를 아무리 읽고 이해해도 내가 꿈에 그리던 사람이 나타났을 때의 느낌을 언어로 표현할 수 없다. 그렇게 사랑하던 사람과 이별하는 순간이 다가왔을 때 느끼는 상실감과 당혹감은 겪어보지 않고서는 말할 수 없는 감정이다.

해보지 않고서는 공감할 수 없다

내가 직접 체험해보지 않고서는 타자의 아픔에 공감할 수 없다. 공감능력은 책상에서 배울 수 없다. 오로지 몸으로 체험해봐야 비로소 생기는 능력이 바로 공감능력이다. "다른 사람의 신발을 신고 실제로 걸어 다녀보는 것은 중요하다. 배우자, 동료, 유권자 등 중요한 파트너를 대상으로 그렇게 역할교체를 해보라. 역할교체는 사로에 대한 이해를 도모할 수 있는 가장 효율적이고, 빠르고, 저렴한 방법이다." 롤프 도벨리의 《불행 피하기 기술》[16]에 나오는 말이다. 흔히 역지사지(易地思之)를 책상에서 배울 수 있다고 생각한다. 교통경

경험이 부족한 사람은 좋은 어른이 될 수 없다

찰이 열십(十)자를 보고 사거리라고 생각하지만 산부인과 의사는 배꼽으로 생각한다. 약사는 녹십자라고 생각하고 목사는 십자가라고 생각한다. 저마다 체험해본 범주 내에서 사물이나 현상을 생각한다. 그런데 과연 산부인과 의사가 열십자를 보고 교통경찰처럼 사거리로 생각할 수 있을까? 그 반대의 경우도 거의 불가능에 가깝다. 역지사지가 말처럼 쉽지 않음을 보여주는 사례다. "한 사람의 경험 속에는 이해할 수 없고 가 닿을 수 없는 익명인 채로 남아 있는 감정이 때때로 있습니다. 그 사람은 자신이 실제로 그 순간에 어떤 느낌인지, 무엇을 필요로 하는지 모릅니다." 데이비드 리코의《나는 왜 이 사랑을 하는가》[17]에 나오는 말이다. 내가 직접 해보지 않고서는 저마다의 상황에서 몸으로 느끼는 감정은 일반화시킬 수 없다. 모두가 주관적인 체험이고 상황에 따라 고유함을 드러내는 특수한 자각이다. 그래서 신영복 교수도 '사(思)'가 일반화시킬 수 없는 특수한 주관적인 경험이라고 한 것이다. 한 사람이 겪은 고통은 언어로 말할 수 없다. 다만 고통에 대해 고통의 당사자가 어떻게 생각하고 느끼는지를 말할 수 있을 뿐이다. "고통은 말할 수 없지만, 고통에 대해 여전히 우리는 말할 수 있는 존재다." 엄기호의 《고통은 나눌 수 있는가》[18]에 나오는 말이다.

"자아를 규정하는 것은 고통과 감각이다. 당신이 느낄 수 없는 것은 당신이 아니다. 느껴지지 않는 것은 선뜻 돌봐 줄 수가 없다. 당신의 손발이 당신에게서 잊힌다. 반면에 고통은 지켜준다. 눈에 뭔가가 들어가면 즉시 그에 대해 대처하기 마련이다." 리베카 솔닛의 《멀고도 가까운》[19]에 나오는 말이다. 고통을 통해 느껴지지 않으면 나는 생각하지 않는다. 고통으로 느낌이 와야 비로소 나는 그 아픔에 대해 생각하기 시작한다. 하물며 자신의 고통에 대해서도 직접 몸으로 느껴지지 않으면 신경 쓰지 않는데 타자의 고통은 어떨까. 고통 체험을 해보지 않고서는 고통을 겪고 있는 사람들의 고뇌와 아픔에 대해서 공감하기도 어려울 뿐만 아니라 그들의 언어를 이해하기 어렵다. 교육의 핵심은 타자의 아픔을 사랑하는 능력, 그 아픔이 나와 무관하지 않음을 몸으로 느낄 수 있는 능력을 육성하는 데 있다. 하지만 우리 교육은 지나치게 책상 공부를 통해 지능을 연마하고 지식을 축적하는 데 많은 관심을 쏟아부어왔다. 책상에서 이론적 지식을 가르치고 그걸 기반으로 일상에서 실천을 촉구하는 교육 패러다임은 앎과 삶이 이분법적으로 분리되었다. 진짜 공부는 앎과 삶이 분리되지 않는다. 오히려 진짜 공부는 사유가 먼저 있고 나중에 행동을 배우는 것이 아니라 오히려 그 반대다. "사유가 먼저 있고, 그 도달한 사유에 맞춰 거꾸로 체험을 구성할 경우 작품은 파탄을 면치 못한다. 사유로부터 경험이 도출되는 것은 마치 몸에 옷을 맞추지 않고 옷에 몸을 맞춘 것처럼 어색하다. 몸에 옷을 맞추어야 하는 것이 당연한 규범이듯, 경험에 사유가 뒤쫓아 가 그 경험을 완전하게 만들어야 하는 것이 예술적 창조의 원리다." 김상욱의 《다시 쓰는 문학에세이》[20]에 나오는 말이다.

위험하지 않으면 위대한 결실도 없다

관념적 사유를 강조하는 교육은 관념적 지식인을 양성할 수 있다. 하지만 현장체험을 통해 몸으로 느끼지 못하는 교육으로는 난공불락의 딜레마 상황이 펼쳐지는 불확실한 환경에서 적응할 수 있는 능력을 길러낼 수 없다. "경지에 이른 사람들이 보유하고 있는 지식은 무수한 시행착오와 우여곡절 끝에 온몸으로 깨달은 체험적 지혜다. 책상에 앉아서 머리로만 공부하는 사람들이 쌓은 지식에는 그 사람 특유의 신념과 열정과 용기가 없다." 유영만의 《공부는 망치다》[21]에 나오는 말이다. 사투 끝에 건져 올린 체험적 지혜에는 그 사람이 고뇌하는 문제의식과 위기의식이 고스란히 담겨 있다. 머리보다는 발바닥으로 세상의 곳곳을 직접 내가 가볼 때 몸으로 느끼는 감각적 체험은 가보지 않고 책상에서 그냥 보는 경험과는 천지차이다. 가보는 것과 보는 것은 한 글자 차이지만 그 사이에는 건널 수 없는 인식과 통찰의 물이 흐르고 있다. "머리는 너무 빨리 돌아가고/생각은 너무 쉽게 뒤바뀌고/마음은 날씨보다 변덕스럽다/사람은 자신의 발이 그리로 가면/머리도 가슴도 함께 따라가지 않을 수 없으니/발바닥이 가는 대로 생각하게 되고/발바닥이 이어주는 대로 만나게 되고/그 인연에 따라 삶 또한 달라지리니." 박노해 시인의 〈발바닥 사랑〉이라는 시다. 발바닥이 움직이는 바로 그곳에서 몸으로 반응한 감각적 느낌을 가급적 정리해보려고 한다. 물론 언어의 한계가 넘을 수 없는 벽으로 가로막고 있지만 그럼에도 불구하고 사투를 벌여가며 감각적 체험과 교훈을 체중이 실린 언어로 번역하려는 노력을 포기하지 않았다.

무엇보다 머리로 결정하지 않고 발바닥이 향하는 곳으로 과감히 떠나는 것이다. 머리로 계산할수록 의사결정은 어려워지고 대안 모색은 지체되기 쉽다. 운명과 문명, 그리고 혁명을 불러오고 싶다면 위험한 결단과 과감한 실천만이 살길이다. 위험하지 않으면 위인도 위대한 결실도 없다. "그대는 위대함으로 통하는 그대의 길을 간다. 몰래 그대의 뒤를 따르는 자는 그 누구도 없어야 한다. 그대의 발로써 그대가 걸어온 길을 지워버렸고, 그 길 위에는 불가능이라고 쓰여 있다.", "위험하게 살아라."라고 외친 니체의 《차라투스트라는 이렇게 말했다》[22]에 나오는 말이다. 하지만 우리 교육은 우리 아이들을 너무 안전한 곳에서 현실과 유리된 창백한 교실에서 양육해왔다. 학부모는 아이들을 극진한 보호막 속에서 지나치게 간섭하고 지시하며 통제해왔다. "편안함이 끝나고 궁핍이 시작될 때 인생의 가르침이 시작된다." 헤르만 헤세의 말이다. "위험이 없는 길로는 약한 사람만 보낸다." 헤르만 헤세가 《유리알의 유희》[23]에서 한 말이다. 스스로 추진할 수 있는 게 거의 없어진 아이들에게 교육은 독립적 사유를 길러주는 각성제가 아니라 의지(依支)할 수 있는 능력을 심화시켜 한 순간의 고통에서 빨리 벗어나게 만들어주는 진통제에 불과하다. 체험적 지혜는 지식의 축적으로 생기지 않는다. 위

> "
> 가장 안전한 보험은
> 체험이다
> "

 험한 도전을 감행하고 시행착오 끝에 판단착오를 줄일 수 있는 혜안을 몸으로 깨달을 때 복잡한 상황을 해석할 수 있는 혜안과 미래를 내다보는 안목이 생긴다. "몸으로 체득했기에 그것이 밑바닥 진실이며 마지막 진실이다. 어떤 경우에나 세상의 변화를 꾀하게 하는 힘은 마지막 진실에서 온다." 황현산의 《밤이 선생이다》에 나오는 말이다.

 밑바닥 진실이자 마지막 진실은 몸으로 체득하는 수밖에 없다. 몸이 동반되지 않는 관념적 공부는 진심을 담아낼 수 없다. 진심과 진정성은 그 사람의 몸이 동반될 때 비로소 느껴지는 신체적 진실성이다. 체중이 실리지 않는 말과 언어는 참을 수 없는 인식의 가벼움이다. 직접 내 육체로 체험하지 않은 사실은 밑바닥 진실이자 마지막 진실처럼 힘과 에너지를 실어 전달할 수 없다, 밑바닥 진실을 온몸으로 겪어낸 사람이 건져 올린 언어에는 치열한 사투 끝에 피워낸 사유의 결정체가 고스란히 담겨 있다. 언어를 보면 심장이 뛰고 숨이 막히고 뇌가 번개를 맞은 듯 잠시 생각을 멈추고 충격을 받기도 한다. 관념의 거품이 들어설 자리가 없다. 생생한 체험적 얼룩이 아픈 흔적으로 남아 있기도 하고, 경이로운 깨달음의 즐거움이 아름다운 무늬로 채색되어 있기도 하다. 체험적 깨달음의 여정은 멈추는 순간 이전의 체험적 교훈과 지혜는 과거의 경험을 떠올리는 향수에 불과하거나 경험이 미천한 후배들에게 설명하는 고리타분한 강제적 지침으로 포장되기도 한다, 부단한 경험의 업데이트만이 경험의 덫에 걸리지 않는 비결이다. "40대가 넘으면 '경험의 직업인'들은 작은 집착이나 몇몇 속담을 경험이라는 이름으로 부른다. 그들은 자동판매기가 되기 시작한다. 왼쪽 주입기에 동전 몇 개를 넣으면 은종이에 싸인 일화가 나온다. 오른쪽 주입기에 동전을 넣으면 물렁물렁한 캐러멜처럼 귀중한 충고가 나온다." 사르트르의 《구토》[24]에 나오는 말이다. 자신도 모르게 은종이 일화를 포장해서 전달해주는 꼰대가 되어 있고 귀중하다고 생각하는 충고를 캐러멜에 담아서 전해주는 권위적인 멘토가 되어간다.

실패와 실력
: 실패를 해봐야 실력을 쌓을 수 있다

당신은 실패하고 좌절합니까,
실패를 통해 실력을 쌓습니까?

고등학교 다닐 때 공고를 다니면서 전기용접 기능사 2급 자격증 시험을 보다 보기 좋게 불합격했던 경험이 있다. 돌이켜보면 내 인생 첫 번째 실패체험이다. 손에 익은 용접기로 시험을 보는 게 아니라 전혀 낯선 환경에서 생전 처음 만나는 용접기로 시험을 보다 온도조절 실패로 철판에 구멍이 뚫어져 불합격되는 아픈 추억이었다. 용접봉을 잘못 녹여서 철판에 생각보다 크게 구멍이 뚫어져서 순간적으로 불합격이라고 판단했다. 어차피 불합격된 판국에 용접봉을 더 녹여서 철판에 구멍을 크게 뚫어버렸다. 지금도 생각하는 내 인생의 첫 번째 실패체험기다. 당시에 뚫었던 철판 구멍을 생각하면 보름달이 연상된다. 보름달처럼 구멍을 크게 뚫어본 체험이 나로 하여금 철판과 보름달을 연결시키는 상상력을 발동시킨 것이다. 아마 철판을 매개로 용접을 하면서 구멍을 뚫어본 적이 없는 사람에게는 철판과 보름달은 도무지 연결할 수 없는 전혀 이질적인 두 가지 대상이다. 하지만 나는 철판에 구멍을 뚫어본 아픈 체험 덕분에 보름달을 연상할 수 있는 상상력이 생긴 것이다.

만약 나에게 철판을 주제로 글을 쓰라고 하면 철판과 보름달을 연상키는 상상력을 발휘해서 당시에 겪었던 아픈 실패체험을 글감으로 사용했을 것이다. 상상력은 체험적 상상력이다. 체험해본 상상력이라야 창조로 연결될 수 있다. 이처럼 무용한 실패체험처럼 보이지만 글을 쓰는 작가에게 실패체험은 색다른 상상력의 원료로 사용될 수 있다. 실패는 패배체험으로 감추어야 할 부정적 과거의 추억이 아니라 적극적으로 되살려 새로운 창조로 연결시키는 실력의 밑거름으로 작용한다.

위대한 혁신은 위대한 실패에서 나온다. 트위터 본사에 가면 "내일은 더 좋은 실수를 하자(Let's make better mistake)"는 문구가 걸려 있다. '더 좋은 실수'라는 말은 오늘과 비슷하거나 동일한 실수가 아니라 이전에는 한 번도 해본 적이 없는 색다른 실수나 실패를 하자는 말이다. 이런 말이 국내 기업에 붙어 있다고 상상해보자. 과연 가능할까? 실패를 용인하는 문화를 만들자고 하면서도 실제로 실수나 실패를 하면 처벌을 하거나 더 이상 도전할 수 있는 기회를 주지 않는 경우가 비일비재하다. 어제보다 더 멋진 실수를 하자는 말은 이전과 비슷한 실수를 하지 말자는 말과 같은 의미다. 비슷한 실수나 실패를 반복하는 일만큼 무능력한 사람은 없다. 한 가지 주목해야 될 점은 실수(失手, mistake)와 실패(失敗, failure)의 차이는 엄격히 구분되어야 한다는 것이다. 실수는 잘못, 또는 잘못을 저지름을 뜻하는 말이고, 실패는 의도했거나 목표를 달성하지 못했거나 기대를 저버려서 예상했던 성과를 이루지 못했음을 의미한다.

시인이자 풍자작가인 사무엘 버틀러는 "세계가 자랑하는 모든 발명품이 세상에 빛을 보게 된 것은 순전히 운 좋은 자들의 실수 덕분이다."라고 말했다. 우연히 일어나는 실수가 세계적인 발명품으로 둔갑하기도 하고 이전에 없었던 대박 히트 상품으로 세상에 나타나기도 한다. 최초로 페니실린을 발견하고 노벨의학상을 수상한 플레밍이 그렇고, 3M이 우연한 실수로 발명한 '포스트잇'이 그렇다. 세상을 뒤집는 전대미문의 창조도 무수한 실수와 실패 끝에 찾아오는 반전과 역전의 산물이다. 잘못한 실수 덕분에 앞으로 잘못을 저지르지 않는 교훈을 얻을 수 있다. 실수를 하지 않으려고 하다가 오히려 돌이킬 수 없는 실패를 저지를 수도 있다.

이렇듯 실패란 일이 뜻한 바대로 되지 못하거나 그릇됨의 뜻을 갖고 있어서 실수보다 치명적이다. 실수가 어떤 일을 성취하는 과정에서 일어나는 잘못을 지칭하는 반면에 실패는 예상하지 못했던 결과가 갑자기 나타났음을 지칭한다. 이런 면에서 실수하는 과정에서 얻은 교훈을 돌이켜 반성하고 앞으로 그런 일이 발생하지 않도록 사전에 조치를 취한다면 치명적인 실패를 막을 수 있다. 그런데 많은 사람들은 과정에서 일어나는 작은 실수를 어찌할 수 없는 결과적인 실패로 생각하고 좌절하고 절망을 하는 경우가 많다. 실수는 실수일 뿐이다. 실패는 실수에 비해 그 파급효과나 영향력이 클 수 있고 때로는 치명적일 수 있다. 작은 실수를 하지 못하도록 막는 분위기나 여건 또는 문화적 풍토가 조성되면 나중에 돌이킬 수 없는 실패를 가져올 수 있다. 작은 실수를 통해서 교훈을 쌓고 반면교사로 삼으면서 결정적인 실패가 일어나지 않도록 막는 방법이 필요하다.

실수 하나 하지 않는 사람보다 실수를 통해서 보다 바람직한 모습으로 변신해가는 사람이 보다 인간적이다. 실수를 하지만 겸손한 자세로 자신의 실수를 인정하는 사람이 보다 인간적인 매력이 있다. 개인 차원의 실수를 인정하고 실수가 반복되지 않게 조치할 때 조직 차원의 치명적인 실패를 미연에 방지할 수 있다. 실패를 절대로 용인하지 않으면서 도전과 창의를 강조하는 기업문화를 상상할 수 있을까? 실패할까 봐 두려워서 색다른 도전을 꺼리는 구성원들에게 색다른 도전을 통한 전대미문의 창조를 강조하는 것은 모순이다. 전대미문의 창조는 전인미답에서 나온다. 그 누구도 걸어가지 않는 길을 가면서 위험을 무릅쓰고 모험을 실제로 체험할 때 예기치 못한 걸림돌을 만나 좌초할 수도 있다. 하지만 실패를 거울 삼아 이전과 다른 방법으로 도전을 거듭할 때 전대미문의 창조의 꽃이 피고 열매가 열린다. 이런 실패야말로 보다 빠르게 성공에 이르는 지름길이다.

색다른 실패는 색다른 도전을 했다는 증거다. 색다른 도전이 색다른 실패를 낳으며, 색다른 실패라야 색다른 실력을 쌓을 수 있다! 남다른 실력을 쌓으려거든 남다른 실패를 해봐야 한다. 비슷한 실패를 반복하는 사람과 조직에는 학습이 발생하지 않으며 희망이 없다. 실패로부터 배우는 사람과 조직은 실패를 견디고 일어설 수 있다. 실패는 성공으로 가는 여정 속에서 반드시 경험해야 되는 일종의 자양 강장제다. 인간은 실패를 통해서 성장하는 동물이지만 비슷한 실패를 반복해서는 성장할 수 없다.

색다른 실패는 색다른 도전의 다른 이름이다. 인간의 한계를 알 수 있는 유일한 방법은 한계에 몸으로 도전해보는 것이다. 도전하지 않으면 나의 한계를 알 수 없을 뿐만 아니라 어제와 다른 가능성의 문을 열어갈 수 없다. 오로지 도전만이 내 능력을 확장시키고 심화시키는 유일한 방법이다. 하지만 도전은 언제나 실패를 품고 있다. 실패가 두려운 사람은 언제나 현실에 안주하면서 실패 없는 인생을 자랑스럽게 생각하며 살아간다. 실패가 없는 인생이란 사실은 현실에 안주하며 살았다는 증표다. 실패를 딛고 일어선 경험이 많은 사람일수록 실패에 임하는 자세와 태도가 남다르다. 누구나 넘어질 수 있다. 넘어지는 것은 나의 잘못으로 넘어질 수도 있고 남의 잘못으로 넘어질 수도 있다. 하지만 넘어지고 나서 일어서지 않는 것은 철저하게 나의 잘못이다. 넘어지는 것이 실패가 아니라 넘어지고 나서 일어서지 않는 것이 실패다.

실패를 해봐야 내가 누구인지를 정확하게 알 수 있다. 사람은 실패를 하면 실패 경험을 복기하면서 다음에 실패를 하지 않기 위해서는 어떻게 해야 하는 지를 비판적으로 따져보고 물어본다. "성공은 그릇이 가득 차는 것이고, 실패는 그릇을 쏟는 것이라고 합니다. 그러나 또 한편으로 생각하면 성

실패를 성찰해야 성공할 수 있다

공은 가득히 넘치는 물을 즐기는 도취임에 반하여, 실패는 빈 그릇 그 자체에 대한 냉정한 성찰입니다. 저는 비록 그릇을 깨뜨린 축에 속합니다만, 성공에 의해서는 대개 그 지위가 커지고, 실패에 의해서는 자주 그 사람이 커진다는 역설을 믿고 싶습니다." 신영복 교수의 실패에 대한 성찰은 우리들의 성공을 무색하게 만든다. '빈 그릇 자체에 대한 냉정한 성찰'이야말로 색다른 가능성의 그릇을 채우려는 몸부림이다. 사람은 오로지 실패를 통해서 자기 정체성을 확인할 수 있다. 실패를 해봐야 실패에 대한 냉정한 성찰을 통해 자신이 누구인지, 내가 잘할 수 있는 것이 무엇인지, 그리고 내가 잘할 수 없는 것이 무엇인지를 알 수 있다.

이런 점에서 실패는 색다른 혁신의 가능성을 열어가는 필수불가결한 조건이다. 이 세상의 모든 혁신은 모두 실패를 먹고 자란 나무이며 줄기이자 가지이고 꽃이며 열매다. 성공의 뒤안길에 흐르는 실패의 얼룩이 아름다운 혁신의 무늬로 나타난다. 사람은 한 번 실패하면 그것을 그냥 흘려보내지 않고 실패과정과 결과를 깊이 사유하며 성찰하며 배우는 능력을 지니고 있다. 이전과 다른 가능성은 성공체험보다 실패체험을 통해서 배우는 경우가 많다. 실패를 통한 배움(Learning by Failure)이 학습의 효과는 물론 일상적 삶에서 실패하지 않고 성공할 가능성을 더 높여주는 전략이다. 교육프로그램을 설계할 때도 성공사례(Best Practices)를 통해서 뭔가를 배우게 하기보다는 실패사례(Worst Practices)를 통해 교훈을 얻는 배움의 여정으로 이끄는 전략이 훨씬 더 효과적이다.

돼지는 목뼈 구조상 일정한 각도 이상 고개를 들 수 없어서 평생 땅만 보고 사는 슬픈 짐승이다. 그런데 돼지가 하늘을 볼 수 있는 방법이 뭘까? 어느 날 돼지가 발을 잘못 디뎌서 그만 넘어지고 말았다. 그 덕분에 난생처음으로 하늘을 볼 수 있었다. 돼지가 하늘을 볼 수 있는 유일한 방법은 넘어지는 것이다. 넘어져 봐야 평소에 볼 수 없었던 색다른 가능성을 볼 수 있다. 이처럼 실패는 정상적인 방법으로는 볼 수 없었던 색다른 가능성을 볼 수 있는 새로운 기회와 무대를 마련해준다. 정상적인 방법으로는 볼 수 없었던 색다른 기회를 비정상적인 방법으로 볼 수 있다. 자주 넘어지고 자빠져봐야 정상적인 방법으로 볼 수 없었던 새로운 가능성을 볼 수 있다.

실패는 무조건 부정적인 뉘앙스를 지닌 게 아니라 이처럼 긍정적인 가능성의 문을 이전과 다른 방법으로 볼 수 있는 문을 열어준다. 혁신을 통해 정상에 오른 사람은 모두 정상이 아니다. 정상에 오른 사람은 비정상이다. 혁신은 비정상적인 방법, 비합리적이고 비체계적인 전략 속에서 우연히 일어나는 경우가 많다. 단 분명한 목적의식과 불굴의 의지, 그리고 마지막까지 포기하지 않는 인내와 끈기가 마침내 혁신의 불꽃을 피운다. '실수'나 '실패'했다고 '실망'은 하되 '절망'의 나락으로 떨어지지 않도록 언제나 '희망'의 끈을 붙잡아야 한다. 걸림돌에 넘어졌다고 절망하고 좌절하기보다 걸림돌도 디딤돌로 얼마든지 바꿀 수 있는 희망과 용기를 갖는 것이 중요하다. 걸림돌과 디딤돌은 같은 돌이다. 걸림돌에 넘어졌다고 좌절하고 포기하는 사람과 바로 그 순간, 걸림돌 속에서 디딤돌의 가능성을 탐색해서 다시 도전하는 사람과는 시간이 흐를수록 엄청난 차이가 벌어진다.

'1-29-300 법칙' 또는 '하인리히 법칙'이라고 있다. 한 번의 돌이킬 수 없는 심각한 사태는 29번의 사고가 누적되어 나타난 것이며, 29번의 사고는 300번의 자질구레한 사건을 방치한 결과 발생한다는 이야기다. 한 번의 심각한 사태는 29번의 사고를 방치 또는 간과한 결과이며, 29번의 사고는 300번의 조짐이나 징후를 무시해서 발생한 것이다. 돌이킬 수 없는 한 번의 심각한 사태도 어느 날 갑자기 발생하지 않는다. '1-29-300 법칙'을 긍정적으로 해석하면 혁신의 원리를 배울 수 있다. 한 번의 위대한 성취(1)는 작은 성공체험(29)의 누적의 결과이며, 29번의 작은 성공체험은 매일매일 반복되는 진지한 실천(300)의 결과다. 한 번의 위대한 혁신적 성취를 이뤄내기 위해서는 29번의 성공체험을 맛보아야 하며, 29번의 성공체험은 300번의 작은 실천을 진지하게 반복해야 비로소 탄생한다. 위대함은 어느 날 갑자기 탄생하지 않는다. 혁신적인 성취를 이루고 싶다면 우선 작은 성공체험을 맛보아야 한다. 작은 성공체험은 수많은 실천과 실패 속에서 서서히 자란다. 실패 속에서 새로운 가능성을 발견하고 경쟁력 있는 조직으로 탈바꿈시키기 위해서는 무엇보다도 리더의 실패에 대한 생각과 접근방식이 중요하다.

꼰대는 실패하면 실격시키고 리더는 실패를 통해 실력을 쌓게 만든다. 꼰대는 실패를 걸림돌로 해석하고 덮어 두지만 리더는 디딤돌로 해석해서 도약의 발판으로 삼는다. 꼰대는 실패한 사람을 이유여하를 막론하고 야단을 치며 인격까

> **색다른 실패가
> 색다른 실력을 쌓는 원동력이다**

지 모독하지만 리더는 실패한 사람보다 실패할 수밖에 없었던 당시의 상황을 주도면밀하게 분석해본다. 리더는 실패한 사람의 개인적 잘못을 따지기보다 왜 그 사람이 그 상황에서 실패할 수밖에 없었는지를 따져보면서 동일한 실패가 반복되지 않게 하려면 어떤 조치와 조건의 마련이 필요한지를 다 같이 대책을 마련하면서 배움의 기회로 삼는다. 꼰대는 실패한 사람을 질책하면 실격시키지만 리더는 실패를 통해 색다른 실력을 쌓을 수 있도록 질문을 던지며 배움의 기회로 삼도록 유도한다. 꼰대에게 실패는 걸림돌이지만 리더에게 실패는 도약할 수 있는 디딤돌로 작용한다. 꼰대에게 실패는 절대로 해서는 안 되는 악덕이지만 리더에게 실패는 도약하기 위해서는 반드시 거쳐야 되는 필수코스다. 오로지 도전만이 오늘과 다른 세상으로 나가게 만드는 원동력이며 나의 한계를 알려주는 자극제다.

깊이와 기피
: 깊이 읽지 않으면 기피 대상이 된다

당신은 책을 대충 거들떠봅니까,
깊이 읽고 내공을 심화시킵니까?

우리가 책을 읽는 이유는 내 생각만으로 살기에는 많은 한계와 문제가 발생할 수 있기 때문에 나와 다른 세계에서 다른 경험을 하며 다른 생각을 하는 사람과 접속하기 위해서다. 책은 나와 다른 사유체계가 자라는 텃밭이자 내 생각과 다른 생각의 씨앗이 자라는 사고의 보고다. 이런 책을 읽지 않고 나의 경험에만 의지하면 좌정관천의 어리석음과 오만함의 오류에 빠져 살아갈 수밖에 없다.

빠져서 책을 읽되 다시 빠져나와서 나를 읽어야 내 생각이 생긴다
책을 깊이 읽고 개념과 문장의 의미를 해석하는 시간을 의도적으로 갖지 않는 이상 내 생각을 색다르게 표현하는 언어 능력은 생기지 않는다. 남의 책을 안 읽는 것도 문제지만 남의 책만 읽는 것도 심각한 문제다. 우리가 책을 읽는 목적은 나와 다른 생각을 하면서 살아가는 사람의 낯선 사유체계에 접속하기 위해서다. 내 경험만 옳다고 믿는 어리석음과 오만함이 부끄럽다고 느낄 수 있는 자극을 받지 않는 이상 사람은 자기 경험의 깊이와 넓이를 능가하는 생각을 할 수 없다. 나와 다른 세계에 살고 있는 사람의 체험적 깨달음이 녹아 있는 책을 읽는 이유는 내가 직접 모든 걸 경험할 수 없으니 다른 사람의 체험을 간접적으로나마 경험해보기 위해서다.

경험이 바뀌지 않으면 기존 생각을 이전과 다르게 바꾸는 방법은 없다. 문제는 다른 사람의 책으로 내 생각을 재단하기 시작하면 내 사고는 언제나 남의 사고방식에 종속되어 식민지적 사유를 할 수밖에 없다는 것이다. 책을 읽되 나의 지식과 경험에 비추어 다시 한 번 그 의미를 해석하는 연습을 꾸준히 함으로써 다른 저자의 생각이 내 삶에 던져주는 의미와 시사점이 무엇인지를 부단히 성찰하는 연습을 반복해야 한다. 책에 완전히 빠져서 몰입해서 읽되 읽으면서 수시로 빠져나와 저자의 메시지를 통해서 무엇을 주장하려는 것인지 멀리서 다시 한 번 조명해보는 연습을 하지 않으면 나는 다른 사람의 생각 속으로 빨려 들어가 주체적인 사고를 할 수 없다. 내가 살아온 삶만큼 다른 사람의 책을 읽고 해석할 수 있다. 내 경험을 능가하는 책은 읽을 수도 없고 쓸 수도 없다. 내가 살아오면서 고뇌했던 삶의 화두를 누군가 다른 책에서 비슷한 경험으로 깨달은 각성의 흔적을 글로 옮겨 놨을 때, 깊은 공감과 함께 적확한 언어 사용방법을 배우는 것이다.

우치다 타츠루의 《우치다 선생이 읽는 법》[25]이라는 책에 보면 '지성의 폐활량'이라는 새로운 개념이 등장한다. 저자가 말하는 '지성의 폐활량'이란 복잡한 문제를 만나면 단순화시켜 빠르게 해결대안을 제시하려는 촉급한 욕망을 거둬들이고 복잡한 상태를 그대로 유지하면서 꼬인 실타래를 풀듯이 하나씩 해결해나가는 과정에서 단련되는 지적 인내심이다. 사람은 복잡한 문제를 만나면 나의 체험적 지식이나 관점으로 쉽게 단순화시켜 해결대안을 제시하려는 본능이 있다. 예를 들면 코로나 19 난국이 생각보다 우리 일상을 괴롭히는 심각한 문제로 쉽게 해결이 되지 않자 저마다의 전문가가 나타나 포스트 코로나 세계를 예측하고 저마다 살아가는 바람직한 자세나 태도를 제시한다. 물론 일리 있는 이야기일 수도 있지만 지나치게 자기 전문성의 범주 안에서 바라본

편협한 시각일 수도 있다는 한계나 위험성을 함께 고려할 필요가 있다.

마찬가지로 어떤 책을 읽다가 저자가 의도적으로 구상한 어떤 의미의 흐름과 구조 속에서 우리가 생각해볼 화두를 던졌을 때 그것이 나에게 주는 시사점이 무엇인지를 주체적으로 해석하기 위해서는 끈질기게 물고 늘어지면서 복잡한 문제를 복잡하게 이해하려는 지적 인내심을 발휘해야 한다. 너무 쉽게 단정적으로 해석한 의미는 위험한 생각과 행동을 불러올 수도 있기 때문이다. 지성의 폐활량을 기르기 위해서는 한 권의 책을 읽고 그 책의 주장이나 메시지에 쉽게 공감한 나머지 어떤 문제를 해결할 때 마치 그 사람이 제시한 관점이 유일한 대안인 것처럼 판단하지 말아야 한다. 대신 다른 대안적 가능성을 다각적으로 대입해보면서 끈질기게 물고늘어질 때 지적 인내심도 생기면서 꼬였던 매듭이 하나둘씩 풀리듯 해결되는 과정을 경험하는 가운데 자연스럽게 지성의 폐활량도 함께 향상된다.

기존 언어를 이전과 다르게 사용하지 않으면 사유의 지평도 열리지 않는다

"제 이야기가 여러분을 불쾌하게 만들지도 모르겠어요. 그래도 용기를 내는 건 제가 아직 살아 있기 때문입니다." 영화 〈69세〉에 나오는 주인공 할머니의 말이다. 이 대사를 본 청중은 어떻게 해석할 것인가? 29세 남자 간호 조무사에게 강간당한 할머니가 동거 중인 할아버지에게 고백한 후 결심하고 경찰에 신고한다. 경찰은 29세 청년이 69세 할머니를 유혹할 리가 없다고 생각한다. 결국 구속영장은 기각된다. 만약 여러분 이 영화를 봤다면 할머니가 고심 끝에 고백한 대사를 어떻게 해석할 것인가. 살아있는 모든 생명체는 저마다의 아픔을 먹고 자란다. 말 못할 사연도 있고 말해봤자 사람들이 알아주지 않고 비아냥거릴 사연도 있다. 하지만 사연 속에 숨어있는 당사자의 사유를 주체적으로 해석해내기 위해서는 우리는 여기서 잠시 입장을 유보하고 내가 타자의 입장이 되어 역지사지로 생각해봐야 한다.

나의 경험과 지식으로는 이해할 수 없는 일이라고 타자의 아픈 사연 속에 숨은 사유를 나의 사유체계로 일방적으로 재단하거나 평가해서는 안 된다. 그가 겪은 아픔을 내가 동일하게 경험할 수 없지만 적어도 그 아픔을 겪었을 상황으로 들어가 내 몸으로 관통시킬 때 비록 완벽하지는 않지만 당사자의 아픔이 조금이나마 수긍이 갈 것이다. 주체적 해석 능력은 지금의 내 능력으로 이해하기 어려운 상황에 직면했을

때, 기존 지식만으로 해석하려는 어리석음을 버리고 다른 사람의 사유체계에 접속, 이전과 다르게 생각하는 방식을 수혈받아서 내가 직면하고 있는 문제 상황에 적용해서 직접 실천하며 배울 때 향상된다. 영화 〈69세〉에서 할머니가 고백한 마지막 대사는 살아있는 모든 사람은 저마다의 아픔을 먹고 자라면서 말 못할 사연을 품고 있음을 시사한다. 대사에 드러난 피상의 의미보다 이런 말을 하는 사람의 숨은 의미와 그동안 겪었을 아픔을 당사자의 입장에서 "왜 그랬을까?"라는 질문을 던져 놓고 끊임없이 되질문할 때 비로소 안개 속에 갇힌 할머니의 의도가 드러날 수 있다.

지능으로 닦은 지식만으로 기본 문제를 해결하기 위한 마땅한 대안이 떠오르지 않을 때 사람은 어떤 생각을 시작하는가? 기존 내 생각만으로는 딜레마 상황을 해결할 적절한 대안이 떠오르지 않을 때 사람들은 어떻게 대처하는가? 인간은 언제나 지능적으로 생각하지 않고 지성적으로 사유하는가? 익숙한 상황이 반복될 때 기존 지식만으로 충분히 문제를 해결할 수 있었다. 하지만 한 번도 경험해보지 못한 전대미문의 상황에 직면하면 기존 지식만으로는 색다른 가능성의 문을 열 수 없다는 판단이 들 때 사람은 이전과 다른 사유를 하지 않으면 안 된다는 판단을 내린다. 지능으로 닦은 지식으로 주어진 문제나 상황이 이해가 가지 않을 때, 본래의 계획과는 관계없는 생각지도 못한 일이 발생했을 때, 정상적인 방법으로는 주어진 난국을 돌파할 수 없다는 판단이 들 때, 한 번도 경험해보지 못한 낯선 상황에서 색다른 감각적 체험을 했을 때, 기존 사유체계로는 탈출이나 극복이 불가능하다는 판단을 내린다.

이때 비로소 우리는 지성으로 갈고 다듬은 지혜를 발휘해서 난국을 돌파하기 위해 안간힘으로 쓰기 시작한다. 이런 위기 상황에서 가장 심각한 문제는 기존 언어로는 주어진 난국을 적확하게 묘사할 언어가 부족하다는 사실이다. 기존 언어로는 설명하고 해석할 수 없는 딜레마 상황에 봉착했을 때 사람은 이전과 다른 언어를 창조하거나 기존 언어를 이전과 다른 방식으로 의미를 부여해서 색다르게 재정의한다. 그렇게 하지 않고서는 주어진 문제 상황에서 한 발자국도 나아갈 수 없다. 언어를 새롭게 창조하거나 기존 언어를 재정의하지 않고서는 한 번도 경험해보지 못한 문제 상황을 묘사하거나 이런 상황에 효과적으로 대처할 수 있는 적절한 대안을 설명할 수 없다. 주체적으로 해석한다는 의미는 주어진 문제나 현상의 본질을 적확하게 표현할 수 있는 언어를 사용하여 기술하고 설명하며 이해한다는 의미다.

깊이 읽지 않으면 주체적 해석능력의 깊이도 생기지 않는다

 깊이 읽지 않고 피상적으로 주마간산처럼 훑어 읽기가 습관처럼 굳어지면 지능을 능가하는 지성도, 지식을 뛰어넘는 지혜도 개발되지 않는다. 지능을 넘어서는 지성은 본능적 습관에서 벗어나 낯선 상황과 마주치지 않고서는 생기지 않는다. 책 읽기도 마찬가지다. 습관처럼 대충 훑어보는 습관에 젖어 읽다 보면 저자가 어떤 고민과 문제의식을 갖고 심연의 늪에서 사유했는지 그 의도와 사연을 읽어낼 수 없다. 지성은 겉으로 보이지 않는 이면의 세계로 파고들어가 다각적인 방식으로 질문하면서 저자가 숨겨 놓은 의미의 동굴로 파고들어갈 때 비로소 생기는 능력이다. 깊이 읽기를 체계적으로 배우지 않고 습관적으로 피상적으로 읽으면 이전과 다른 지성적 읽기 회로가 만들어지지 않는다. 내가 얼마나 깊이 읽기를 반복하느냐에 따라 뇌는 없었던 읽기 청사진을 멋지게 만들어낸다.

 뇌에게 얼마나 자주, 그리고 깊이 책을 읽으며 생각하는 시간을 주느냐에 따라 뇌는 신경가소성으로 없었던 읽기 회로도 만들어내고 기존의 미약한 읽기 시냅스도 활성화시킨다는 게 뇌과학자들의 공통된 연구결과다. 깊이 읽지 않으면 안 읽은 만 못하다. 깊이 읽어내야 깊은 사유의 샘물이 생긴다. 하지만 디지털 미디어나 소셜 미디어가 발달하고 이들이 긴밀하게 연결되면서 인간에게 던져주는 정보가 너무 많아 인간은 주의과잉, 또는 지속적인 부분적 주의(continuous partial attention)만 기울이기에 이미 인지적으로는 과부하 상태가 되어 산만하고 집중하는 힘을 잃어간다.

디지털 방해기술은 침묵과 고독 속에서 정적을 유지하며 깊이 사유하지 못하게 막고 인간의 뇌를 한 곳에 집중하지 못하게 지속적으로 분산시켜왔다. 복잡한 정보를 선별하고 단순화시켜 더 많은 정보를 더 빨리 처리하지만 정작 내 삶을 깊이 돌아보고 나를 사색의 바다로 끌고 가는 깊은 통찰은 발붙일 틈조차 확보하지 못한다. 훑어보고 건너뛰며 대충 읽기는 개념이 품고 있는 저자의 신념이나 특별한 의도를 간과하고 중요한 문장에 담긴 핵심 메시지를 독해하지 않고 넘어가 버리게 만든다. 한마디로 긴 문장을 참고 견디면서 읽어내는 인지적 인내심이 현격하게 떨어지고 있다.

남이 요약해주는 핵심과 요약, 급소와 정수를 알려주는 강의를 아무리 들어도 그것은 내가 힘들여 만들어낸 공부의 산물이 아니다. 깊이 읽고 그 의미를 숙고한 다음 나의 방식으로 정리하는 연습, 내가 책을 읽고 구조화시켜서 나만의 방식으로 지식을 창조하는 방법을 부단히 개발하지 않으면 읽

> **깊이 읽는 사람만이
> 주체적 해석 능력을 갖출 수 있다**

었어도 안 읽은 만 못하다. 수박 겉핥기 방식으로 읽어도 언어능력은 향상되지 않는다. 밑줄 치고 메모하고 다시 그걸 엮어서 나만의 방식으로 정리하는 고된 훈련을 반복하지 않으면 뇌는 읽기 근육을 만들지 않는다. 고전을 유튜브로 강의하는 걸 본 사람과 통독한 다음 자기만의 방식으로 정리하기 위해 책 전반의 내용을 구조화 또는 도해시켜서 기억하는 사람과의 사고력의 차이는 천지 차이다.

남의 책을 읽고 나만의 방식으로 정리하는 방법에는 크게 네 가지가 있다. 먼저 책을 읽으면서 처음 만나는 개념이나 어디서 만났지만 잘 기억이 나지 않는 개념, 그리고 저자의 핵심 메시지가 농축되어 있거나 저자의 문제의식을 담아내기 위해서 새롭게 창조한 개념은 밑줄을 치고 책의 상단 빈칸에 적어 놓는다. 책을 다 읽은 다음 이렇게 기록한 개념을 한 군데 모아서 워드로 쳐 놓은 다음 이들 간의 논리적 관계를 따져보고 여러 가지 방식으로 연결시켜 한 장의 그림으로 도해시켜 본다. 그리고 도해된 개념 간의 관계로 글을 써본다. 책을 깊이 읽어내기 위해서는 지금 읽고 있는 책의 핵심 개념이나 원리 또는 저자의 주장과 비슷하거나 상반되는 것과 연결시켜 생각하며 읽어야 한다. 알고 있는 지식을 저자의 지식과 연결시켜 생각해보고 그걸 통해 내가 새롭게 깨닫거나 느낀 점을 기존 배경 지식과 연결시켜 사유를 확장해보며 내 삶을 어떻게 변화시킬 수 있을지를 끊임없이 생각해보는 읽기야 말로 깊이 읽기의 핵심이다.

見견
관찰과 통찰로 세상을 꿰뚫어보다

102 관찰과 통찰: 관심을 갖고 관찰하지 않으면 통찰에 이를 수 없다

112 소통과 융통: 자세를 낮추고 소통하면 융통해진다

122 나무와 임무: 나무는 나무라지 않는다

131 와인과 여인: 와인(臥人)은 누워 있는 여인(女人)이다

143 당연과 물론
 : 당연한 세계에 물음표를 던져야 당대를 뒤흔드는 혁신이 창조된다

관찰과 통찰
: 관심을 갖고 관찰하지 않으면 통찰에 이를 수 없다

당신은 지금 무관심으로 관망합니까,

관심을 갖고 관찰합니까?

불편한 가구를 파는 이케아(IKEA): 고객의 욕구를 충족시켜 친구가 되다

판매 직원으로 입사하고 싶은 한 사람이 가구 회사에 입사원서를 내고 면접을 보러 갔다. 드디어 기다리던 면접 장소에 도착, 문을 열고 들어갔다. 그런데 이게 무슨 일인가. 바닥에 의자는 없고 의자를 만드는 데 필요한 부품만 널려 있지 않은가. 문을 열고 들어가자마자 당황한 면접 응시자에게 면접관이 이렇게 말하는 것이 아닌가? "의자를 만들어서 자리에 앉으세요(Make a chair and take a seat)." 난생처음 이런 상황에 직면한 면접 응시자는 어떻게 이 난국을 돌파했을까?

이 회사는 바로 직접 조립해서 사용하는 가구 제품이 주력인 이케아라는 세계적인 가구회사다. 우리나라에도 2014년 광명시에 입점하면서 주말마다 교통대란을 일으킬 정도로 인기를 끌었다. 이케아의 처음 두 글자인 IK는 이 회사 설립자인 잉바르 캄프라드(Ingvar Kamprad)라는 이름의 이니셜이다. 이케아의 나머지 두 글자 EA는 그가 어린 시절을 보낸 농장 엘름타리드(Elmtaryd)와 농장이 있던 마을인 아군나리드(Agunnaryd)의 첫 글자를 딴 것이라고 한다. 이케아라는 회사 이름을 떠올리면 고객이 직접 조립해서 필요한 가구를 구입하는 회사라는 이미지가 먼저 떠오른다. 가구는 생산자가 원하는 형태로 사전에 조립해서 판매한다는 상식을 뒤집어 역발상을 시도한 이케아는 도대체 어떻게 이런 발상을 싹틔우게 되었을까?

가구를 팔지 않고 경험을 파는 이케아

이케아의 설립자, 캄프라드는 어린 시절부터 장사에는 남다른 재능을 보여주었다. 그는 10대 소년시절부터 성냥을 비롯해 다양한 장식품과 볼펜 등 돈되는 물건이면 어떤 것이라도 팔아서 이윤을 남기는 천부적인 장사꾼이었다. 학교 다니면서 공부를 잘해서 좋은 성적을 받아오자 캄프라드의 아버

관심을 갖고 관찰하지 않으면 통찰력 이를 수 없다

지는 아들에게 금일봉을 주었다고 한다. 그동안 장사를 하면서 번 돈에 아버지의 금일봉을 합쳐 1943년 오늘날의 이케아를 창립했다. 당시 그의 나이는 17살이었다. 당시 이케아는 가구 뿐만 아니라 다양한 상품을 팔다가 창업 5년째 되던 1947년부터 캄프라드는 비로소 오늘날 이케아의 대표적인 상품인 가구를 파는 데 전념하기 시작했다. 드디어 1953년에는 이케아의 트레이트 마크인 가구 판매를 위한 쇼룸을 열었다. 이케아 가구 매장의 특징은 가구를 종류별로 전시하지 않고 방의 특성에 맞게 한 방 안에 이케아의 가구를 종류별로 전시함으로써 한 집에 필요한 가구를 총체적으로 제안하는 소위 원스탑 토탈 솔루션(One Stop Total Solutions) 개념으로 꾸민 것이다. 이케아를 방문한 고객은 단순히 가구 하나를 구입하러 쇼룸을 방문한 것이 아니라 가구가 만들어가는 라이프 스타일을 총체적으로 경험하기 위해 방문하는 것이다. 이케아는 가구를 팔지 않는다. 이케아는 가구와 관련된 체험을 파는 회사다.

이케아는 제임스 길모어와 조지프 파인 2세가 쓴《고객 체험의 경제학》[26]이 제안하는 대로 단순히 가구라는 상품을 팔지 않고 가구와 연동된 체험을 판다. 가구 회사를 예를 들어서《고객 체험의 경제학》을 참고해보면 가장 부가가치가 떨어지는 비즈니스는 가구에 필요한 목재나 철재처럼 원자재를 파는 회사다. 그 다음 원자재를 활용해 상품이나 서비스를 팔고 마지막으로 가장 부가가치가 높은 비즈니스는 상품과 서비스와 관련된 체험을 파는 것이다. 이케아는 단순히 가구를 팔지 않고 가구와 관련된 체험을 팔아서 이케아 가구 제품에 대한 남다른 브랜드 이미지를 각인시켜 왔다. 이케아는 이때부터 단순히 가구 제품을 팔지 않고 가구와 관련된 고객의 욕망을 포착, 그것을 충족시키는 체험을 어떻게 고객들에게 제공할 것인지를 본격적으로 고민해왔다. '요구'에 호소하면 시장은 닫히지만 '욕망'에 호소하면 시장은 여전히 무한대로 열려 있다. 혁신은 고객의 아픔을 가슴으로 생각하는 측은지심에서 비롯된다. 세종대왕이 한글을 창제할 때 한글을 모르는 국민을 긍휼히 여기는 측은지심을 가졌듯이 기업은 언제나 고객이 느끼는 불편함과 불안감, 그리고 불만족스러움을 내가 겪은 아픔으로 생각할 때 고객을 위한 혁신적인 제품이 탄생될 수 있다. 세상의 모든 히트 상품은 고객이 느끼는 세 가지 느낌, 즉 불편함과 불안감, 그리고 불만족스러움을 해소하기 위해 아이디어를 내는 가운데 탄생된다.

불편한 경험을 파는 이케아의 역발상

사실 이케아는 고객의 불편함을 해소하기 위해 아이디어를 낸 것이 아니라 오히려 불편함을 색다른 체험으로 팔아야겠다는 역발상을 시도했다. 이케아는 '좋은 제품을 싸게 사고 싶다'는 고객의 욕망을 읽어내고 이를 구현하기 위한 묘안을 찾고 있는 중이었다. 그러다 결국 스스로 직면한 한계적 상황을 극복하기 위해서 '조립형 가구'라는 혁신적인 아이디어를 떠올리면서 난국을 돌파해낸 것이다. 제품을 집으로 가져와 조립하는 과정에서 비록 불편한 체험이긴 하지만 고객은 미묘한 성취감을 느낀다. 고객의 불편함을 편안함으로 해소하는 가운데 혁신적인 제품이나 서비스가 개발된다는 전통적인 발상을 뒤집어 오히려 이케아는 역발상을 시도함으로써 가구사의 새로운 지평을 열게 된 것이다. 이케아의 조립식 가구 판매 아이디어는 가구에 대한 고정관념을 파괴하지 않고서는 나올 수 없는 아이디어다. 본래 테이블은 다리가 4개 붙어 있는 가구라고 생각하는 사람에게 다리를 떼었다 붙인다는 발상은 원천적으로 불가능하다. 가구는 완제품으로 팔아야 한다는 고정관념에 의문을 던진 사연과 배경은 과연 무엇일까. 이런 역발상은 창업주 캄브라드 회장이나 임원의 아이디어에서 유래된 것이 아니라 광고그래픽 전문가로 채용된 '길리스 룬드그렌'이라는 사원이 낸 아이디어다. 그는 가격을 저렴하게 하면서도 고객들에게 불편하지만 색다른 가구조립 체험을 제공하는 게 어떨지를 제안한 것이다. 이케아가 이처럼 혁신적인 조립식 가구를 개발하게 된 배경에는 어떤 아이디어라도 우선 받아들이고 실현가능성을 모색하는 개방적인 기업문화가 자리 잡고 있다. 어떤 아이디어도 안 된다고 생각하지 않고 우선 받아들이면서 자유롭게 소통하고 공감하는 가운데 혁신은 잉태된다.

남다른 관심으로 시작하는 관찰, 통찰에 이르다

혁신은 관계없는 것처럼 보이는 현상을 관심을 갖고 관찰하는 가운데 비롯된다. 소비자의 행동을 유심히 관심을 갖고 관찰한 결과를 궁리에 궁리를 거듭하면서 생각하는 과정이 바로 고찰이다. 통찰은 관찰이 고찰이라는 다리를 건너면서 일어난다. 궁리에 궁리를 거듭하면서 고찰하는 순간 깨달음이 섬광처럼 다가오는데 그게 바로 통찰이다. 최근 이케아 디자인팀은 '휴대전화 무선 충전 기능을 가진 가구'를 출시했다. 휴대전화 무선 충전 기능을 가진 가구를 초기에 어떻게 상상해서 마침내 상상한 가구를 현실로 구현했을까. 마치 3M이나 P&G와 같은 회사가 신제품을 개발할 때 고객의 불편함을 감지하기 위해 자사 제품을 사용하는 고객을 인류학자처럼 관찰하다 제품 개선이나 개발에 관한 통찰을 얻는 방식과 유사하다. 이케아는 사람들이 평소에 집에 가면 "휴대전화를 어디에 올려놓을까?"라는 질문을 던져놓고 실제로 고객들에게 집에서 충전하고 싶은 곳을 찾아 스티커를 붙여 보라는 실험도 했다. 아울러 문화가 다른 전 세계 사람이 귀가 후에 주로 언제 어디서 어떤 방법으로 휴대전화를 충전하는지 일상의 습관을 조사했다고 한다. 조사 결과 전등이 달린 스탠드 밑이나 탁자 위에서 휴대전화를 가장 많이 충전한다는 사실을 밝혀냈다. 혁신적인 제품의 아이디어를 소비자의 일상적 생활습관을 관찰하면서 얻은 것이다. 이런 관찰과 고찰을 거쳐 통찰한 결과 탄생한 가구가 바로 이케아의 휴대전화 무선 충전 가구다. 휴대전화 충전과 일상의 가구가 만나

융복합된 혁신적 가구가 탄생했다. 모든 혁신은 당연하고 원래 그렇다고 생각하는 일상을 관심을 갖고 관찰할 때 세상을 놀라게 만드는 통찰의 결과로 탄생된다. 입찰과 낙찰 사이에서 고민하는 사람은 늘 현찰이 꿈을 꾸지만 관찰과 성찰 사이에서 고뇌를 거듭하는 사람은 통찰이 꿈틀거린다. 입찰과 낙찰보다 관찰과 성찰이 세상을 바꾸는 통찰을 낳는 비결이다.

색다른 질문, 혁신의 관문을 열어주다

레고 회사가 경영난을 겪고 있을 무렵 단순히 레고를 어떻게 만들어야 많이 팔 수 있을까라는 비즈니스적인 질문을 던지는 대신 아이들에게 레고를 갖고 논다는 것은 무슨 의미일까, 놀이라는 현상의 본질적인 의미는 무엇일까처럼 현상학적 철학에 기반한 인문학적 질문을 던져 깨달은 통찰이 있다. 바로 아이들에게 놀이는 힘든 가운데에서도 다양한 시도와 모색을 하면서 즐거움을 만끽하는 활동임을 알게 된 것이다. 질문이 바뀌면 해답의 문으로 들어가는 관문도 바뀐다. 도대체 아이들은 레고 블록을 갖고 무슨 재미를 느끼면서 노는지를 유심히 관찰한 결과 놀라운 통찰력을 얻게 되었다. 아이들은 쉽게 조립하면서 느끼는 편안한 재미도 좋아하지만 힘들게 노력하면서 오랜 고생 끝에 이루는 성취감에 더

> "
> 관찰이 고찰의 다리를 건너야
> 통찰에 이른다
> "

열광하고 몰입하는다는 점을 알게 되었다. 아이들의 평범한 놀이과정을 유심히 관찰하면서 얻은 통찰력을 기반으로 레고가 세운 비즈니스 전략이 바로 '다시 브릭으로(again, to the brick itself)'라는 슬로건으로 요약되는 전략이다. 더욱 복잡하고 이전보다 힘든 작업이지만 이를 통해 아이들이 느끼는 성취감을 배가시키는 제품으로 회귀한 레고는 새로운 전성기를 맞이했다.

마찬가지로 이케아도 평소 고객들이 가구를 어떤 의미로 사용하고 있는지, 그들에게 가구의 본질이 무엇인지를 인문학적 질문을 통해 새로운 가능성의 돌파구를 열어간다. '질문'을 바꾸면 새로운 가능성의 문으로 들어가는 '관문'도 바뀐다. 고객들에게 가구란 무엇인가? 가구는 고객들에게 어떤 의미이며 무슨 역할을 하는지 보다 근본적이고 철학적인 질문에 답을 찾아나가는 과정에서 경쟁사가 쉽게 따라잡을 수 없는 이케아만의 독창적인 가구철학은 만들어졌다. 이케아는 단순히 높은 품질의 가구를 저렴한 비용으로 많이 판매한다는 비즈니스 전략만을 고민하지 않는다. 오히려 이케아는 고객의 입장에서 가구가 던져주는 의미를 실제로 어떻게 해석하고 경험하는지를 끊임없이 조사하고 관찰하고 분석하면서 색다른 대안을 모색하는 탐구를 반복한다. 가구를 통해 고객에게 제공하는 경험의 본질이 무엇인지를 묻고 탐구하는 이케아의 가구철학이 오늘의 이케아를 이끌어가는 혁신의 원동력이 아닐까.

소통과 융통
: 자세를 낮추고 소통하면 융통해진다[27]

당신은 지금 소통의 속도에 치중합니까,
소통의 밀도를 강조합니까?

어떻게 내 이야기에 빠져들게 만들 수 있을까?

많은 사람들의 고민은 내가 한 이야기를 얼마나 알아들을 까라기보다 과연 내 이야기에 사람들이 귀를 기울여 들어줄까에 있다. 특히 세대 차이가 많은 사람, 나와 전혀 다른 분야에서 일하는 사람이나 관심이 달라서 코드가 잘 통하지 않을 것 같은 사람에게 뭔가를 이야기하거나 그들이 전혀 다른 분야의 책을 읽을 때 더욱 고민은 깊어진다. 내가 아무리 열심히 말을 하고 좋은 말로 책을 썼어도 청중이나 독자가 내 이야기를 보자마자 귀를 막아버리는 현상이 발생할 수 있다는 두려움이 언제나 존재한다. 과연 인간은 밖에 있는 정보를 자신에게 유익할 것이라는 가정 하에 받아들일 것인지 아니면 받아들이지 않을 것인지를 어떤 기준과 근거로 판단하는지 궁금하지 않을 수 없다. 더구나 기술이 발전하면서 소통의 속도는 점차 빨라지고 빈도는 잦아지고 있지만 과연 소통의 밀도와 강도는 더욱 강해지고 있는지 역시 궁금하다. 이런 궁금증을 갖고 있던 차에 평소에 즐겨 읽는 일본의 우치다 다쓰루가 엮은 《지적 성숙 학교》라는 책에서 놀라운 통찰을 얻게 되었다. 아래 글은 《지적 성숙 학교》에 쓴 저자의 〈어떻게 말을 전달할 것인가: 세상 사람들이 나의 이야기를 끝까지 듣게 하자〉를 토대로 내 생각을 가미해서 작성한 글임을 밝혀둔다.

우치다 다쓰루에 따르면 모든 생명체는 자신에게 필요한 정보를 '받아들인다'라기보다 불필요한 정보는 '받아들이지 않는다'는 기능을 갖고 태어난다고 한다. 우리는 하루에도 너무 많은 정보에 노출되어 있다. 잠시만 생각을 멈추고 주변을 둘러보면 나에게 봐달라고 요청하는 정보 호객꾼들이 날아들고 있음을 감지할 수 있다. 그 많은 정보 중에서 나는 특정한 정보에만 선택적으로 지각하고 반응한다. 나머지 정보는 나와 무관한 노이즈일 뿐이다. 그렇다면 사람은 나와 관계있다고 판단하는 정보와 그렇지 않은 노이즈를 어떻게 순식간에 알아내는 것일까. 우치다 다쓰루에 따르면 "'노이즈'의 판정 여부는 의식적으로 이루어지는 게 아니라, 아무것도 생각하지 않는 사이 순식간에 자동적으로 실행되어 버린다." 우리 안에 필요한 정보인지의 여부를 순식간에 판단하는 스캐닝 장치가 장착되어 있기 때문이라고 한다. 내 경험상 가장 강의하기 어려운 대상은 나보다 연령대가 낮은 청소년이다. 그들은 나와 다른 세계에서 다른 경험으로 다른 공부를 해왔다. 사용하는 언어가 다르고 소중하다고 생각하는 가치관과 직업관을 비롯해 인생관이 정말 다르다. 성인들을 대상으로 하는 방식으로 강의를 할 경우 백전백패다. 이들은 주의집중 시간도 짧을 뿐만 아니라 성인층이 관심과 흥미를 갖고 있는 대상과 전혀 다른 것에 재미를 느끼고 의미를 부여한다.

이런 친구들을 어떤 방식으로 내 이야기에 집중하게 만들 수 있을까. 이미 들을 자세가 되어 있지 않는 사람들을 대상으로 강의로 소통하기는 불가능에 가깝다. 우선 강연장 분위기를 보면 몸으로 반응이 온다. 오늘 강연은 정말 쉽지 않을 거라는 느낌이 온몸으로 각인된다. 머리로 판단하는 게 아니라 몸으로 느껴진다. 이럴 때 비장의 무기가 바로 청중들의 몸에게 물어보는 질문을 던지는 것이다. 머리가 아니라 몸에게 물어본다는 의미는 무슨 뜻인가? 이야기를 머리로 들으면

자세를 낮추고 소통하면 응통해진다

이분법적으로 '잘 알았다' 또는 '잘 모르겠다' 둘 중의 하나로 대답해야 한다. "순식간에 모든 것을 '있다', '없다'의 디지털로 나눠버리는 것은 뇌의 일이고 뇌의 취미이고, 뇌의 의무다." 머리에게 물어보면 금방 대답한다. 하지만 몸으로 들었다면 '알 것 같기도 하고 모르는 것 같기도 하다'처럼 분명하게 대답할 수 없는 상태가 된다. 뇌에 비해 몸은 판단을 나중으로 연기하는 선택지가 있다고 한다. 머리로 대답할 수 없고 오로지 몸으로 느낌을 감지해야 뒤늦게 답할 수 있는 질문을 던지는 것이 관건이다. 예를 들면 "봄이 완연하게 우리 곁에 온 것이 느껴지나요?"라는 질문은 머리로 대답할 수 없고 몸에게 물어봐야 한다. 하지만 몸은 뇌가 대답하기 전에 뭔가 정보가 부족함을 느낀다. 그래서 몸은 판단을 유보하고 추가 정보를 더 요구한다. 추가 정보를 더 요구하는 몸은 말 그대로 몸 달아서 자신의 몸에게 물어본 사람에게 매달릴 수밖에 없다. 몸이 달아오른 청중이 취할 수 있는 유일한 자세는 주의를 집중하고 추가정보를 전해주는 강사에게 온 신경을 기울이는 수밖에 없다.

몸에게 질문을 던지면 몸 달아오르기 시작한다

문제는 어떤 정보가 내 몸이 요구하는 정보인지를 알 수 없다는 데 있다. 왜냐하면 내 몸이 어떤 정보를 갖고 있는지 모르기 때문이다. 이런 상황에서는 귀로 들어온 모든 정보를 그대로 몸에게 전달하는 수밖에 없다. 그 어떤 정보도 이제 받아들일 자세가 되어 있는 것이다. 지금까지는 뇌가 주로 노이즈를 걸러내고 정보를 받아들이지 않는다는 자세로 임했다. 이제 전세가 역전되어 추가정보를 요구하는 몸이 노이즈를 걸러내는 기능을 멈춰달라고 요구하는 상태로 변해버렸다. 여기까지 오면 강사가 큰 실수를 하지 않는 이상 청중은 강사의 이야기를 들을 수밖에 없는 상황에 놓인다. 하지만 청중은 강사의 이야기를 들었어도 무슨 이야기인지를 분명하게 알 수 없는 경우가 더 많아진다. 우치다 다쓰루에 따르면 "'뜻을 잘 모르겠는' 화법이 '구석구석까지 다 이해되는' 이야기보다 더 생산적일 수 있다. 그것은 몸이 들었다는 증거이기 때문"이라고 말한다. 오히려 다 알아들었다는 이야기는 거꾸로 생각하면 더 이상 당신에게 배울 게 없다는 뜻이기도 하다. 아무리 들어도 알 것 같기도 하고 모를 것 같기도 한 상태라야 더 알고 싶은 호기심이 사라지지 않는다. 다 알았다고 생각하면 더 이상 소통할 필요가 없다. 그래서 저자는 사람들끼리 알면 커뮤니케이션은 끝나게 되어 있다고 말한다.

아이러니컬하게도 저자는 그래서 나는 "당신의 이야기를 전부 다 이해했습니다."라고 말하는 것을 원치 않는다. 오히려 "왠지 알 것 같기도 하고, 잘 모르는 것 같기도 하고……."의 상태, 즉 정보 부족으로 맞는지 틀리는지 좋은지 나쁜지를 판정할 수 없어서 추가 정보를 더 들어봐야 알 것 같은 상태가 저자가 상정하는 청중이나 독자의 이상적인 상태다. 이런 상태가 되려면 청중 자신의 몸에 질문을 던져 몸이 개방상태로 열려 있어야 한다. 청중이 내 이야기를 진지하게 듣는 경우는 강사가 청중에게 매우 유익하거나 재미있는 요소가 많아서 공감할 때라고 생각한다.

그런데 저자에 따르면 청중이 내 이야기에 집중하는 이유는 다른 데 있다. "자신들이 들은 이야기의 진위나 옳고 그름에 대해 즉시 판단할 수가 없어서 자신의 몸에게 어떻게 생각하는지 묻고 있기 때문이다." 머리로 대답할 수 없는 몸에게 묻는 질문을 받았을 때만 인간은 몸을 개방 상태로 열어 놓고 자신의 몸에게 물어본다. 저자에 따르면 몸에 묻는다는 자세를 취할 때 "자신의 신체기억 저장고 속을 더듬어 찾아서 시간을 거꾸로 거슬러 올라가 모니터를 시작한다." 이때부터 청중은 딴짓할 시간 없이 몸이 요구하는 결핍된 정보를 메꾸기 위해 이미 내 몸 안에 보유하고 있는 정보에 비추어 상황 판단을 하거나 어떤 정보를 추가적으로 더 수집해야 될지를 끊임없이 모색한다.

진정한 소통은 난감한 상황에서 벗어나는 능력이다

우치다 타쯔루의 다른 책, 《어른 없는 사회》[28]에서 그는 의사소통능력을 "평소에 하지 않던 짓을 일부러 하기"로 정의한다. 생각대로 풀리지 않을 때 상대와 원활한 의사소통이 이루어지기 위해서는 평소와 다르게 행동하지 않으면 불통상태는 반복된다. 그래서 그는 "진정한 의사소통 능력이란 의사소통을 원만하게 진행하는 능력이 아니라 불화와 맞닥뜨렸을 때 그 상태에서 벗어나기 위한 능력" 또는 "어떻게 해야 할지 모를 때 어떻게 해야 하는지 알아내는 능력"이라고 말한다. 이런 능력은 대부분 매뉴얼에 명시되어 있지 않다. 진정

> "
> 소통의 속도나 빈도보다
> 소통의 밀도나 강도가 중요하다
> "

한 소통능력은 매뉴얼에 없는 예기치 못한 사건이 발생했을 때 매뉴얼에 나와 있는 처방을 무시하고 난감한 상황에서도 시급히 결단을 내리고 과감하게 대처하는 능력이다. 우리가 살아가면서 부딪치는 대부분의 상황은 이처럼 어떻게 해야 할지 모르지만 그럼에도 불구하고 어떻게든 긴급하게 대처하지 않으면 안 되는 곤란한 상황이다. 난감한 상황을 벗어나기 위해서는 평소에 하지 않던 자세와 태도는 물론이고 생각과 행동을 취하지 않으면 안 된다. 예를 들면 해외여행 중에 마트에서 반찬거리를 산 다음 계산을 하고 있는데 잘 알아듣지 못하는 말투로 뭔가를 계속 물어보는데 당사자는 도무지 무슨 말인지 알아듣지 못하는 상황이 발생했다. 그냥 카드를 주면 그것으로 계산만 하면 된다고 생각했는데 카드로 계산을 하면서 뭔가를 자꾸 물어보는데 도무지 내가 못 알아들으니까 점원이 어쩔 수 없다는 듯 포기하는 듯한 표정을 지었다.

도무지 알아들을 수 없는 말을 점원이 계속해서 자세를 낮추고 평소에 하지 않던 행동을 해서 점원이 했던 말이 무슨 말인지를 기어코 알아내려고 했다. 지극한 정성과 진심 어린 자세로 당신이 하는 말이 무슨 의미인지를 못 알아듣고 있으니 제발 천천히 다시 한 번 이야기해달라고 간청했더니 우편번호를 물어봤다고 했다. 특정한 제품 종류별로 어떤 지역에서 어떤 물건을 많이 사는지 파악하기 위해 우편번호를 물어봤는데 나는 전혀 생각지도 못한 질문이어서 잘 알아듣지 못했다. 식료품 가게에서 반찬거리를 사는데 우편번호를 물어볼 것이라는 상상은 전혀 하지 않았기에 더욱 커뮤니케이션에 문제가 생겼다. 나와 소통이 되지 않는다고 생각하고 포기했으면 점원과는 영원히 불통되었을 뻔했다. 하지만 저자는 자세를 낮추고 그 사람이 무슨 말을 하려고 했는지를 진심으로 알고 싶었다. 그래서 평소에 하지 않았던 행동, 시간을 내서 더욱 낮은 자세로 진심으로 알고 싶다는 마음으로 다가갔더니 비로소 마음의 문을 열어준 것이다.

내가 전하고 싶은 메시지에 몸의 언어를 실었을 때 상대방은 메시지에 담긴 신체성에 반응한다. 사람은 몸의 고뇌가 실종된 머리에서 만들어진 언어에는 머리로 반응한다. 그런데 딜레마 상황에서 온몸으로 생각하면서 신체에 담긴 고뇌를 메시지로 전할 때 상대 역시 몸으로 전해지는 신체성의 메시지가 공명한다. 그때 주관과 주관을 넘어 간신체성(間身體性)의 공감대역이 생긴다. 신체를 낮추는 겸손이 상대가 무엇을 말하고 싶은지를 알아내는 기반을 마련해준다. 나아가 신체가 담긴 메시지를 신체로 받아들이는 놀라운 소통의 기적도 시작된다. 소통 기술을 활용해서 속도를 높이고 빈도만 높이려 하지 말고 진정한 소통이 되기 위해서는 오히려 소통으로 가까워지는 신체언어를 밀도감 있게 전달해서 소통으로 전해지는 의미의 강도를 높이는 방법을 모색할 때 우리는 소통으로 더욱 가까운 인간관계를 맺을 수 있지 않을까.

나무와 임무
: 나무는 나무라지 않는다

당신은 지금 남의 자리를 엿봅니까,
자세를 갖추려고 노력합니까?

나무의 물리학

나무의 크기는 뿌리의 깊이에 비례한다./보잘 것 없이 초라한 그 나무와/꽃잎같이 하늘거리는 그 나뭇잎이/지구보다 더 큰 질량으로 나를 끌어당긴다./순간, 나는/뉴턴의 사과처럼/사정없이 나무에게로 굴러 떨어졌다/쿵 소리를 내며, 쿵쿵 소리를 내며/심장이/하늘에서 땅까지 아찔한 진자운동을 계속하였다./나무에 대한 첫사랑이었다. 김인육의 〈사랑의 물리학〉을 패러디한 시다. 나무를 너무 사랑하면서 나무로 하루를 시작하고 나무를 바라보며 하루 일과를 보내면서 나무가 가르쳐주는 지혜의 목소리에 귀를 기울이기 시작했다.

나무는 왜 나무라지 않는지 나무 가까이서 나무를 유심히 관찰도 해보고 나무 옆에 가서 가만히 귀도 기울여보았다. 나무가 도처에 서 있지만 어느 순간 우리는 나무를 의식하지 못한 채 나무가 우리에게 베푸는 미덕을 잊고 산다는 점을 깨달았다. 나무를 주변 어디에나 있는 하나의 생명체로 보지 않고 인간에게 뭔가를 가르쳐주는 스승으로 보기 시작했다. 생태계를 유지하고 가꾸어나가는 데 나무는 없어서는 안 되는 중요한 구성요소다. 나무를 스승으로 모시면서 나무를 인문학적 탐구대상으로 삼으면서 《나무는 나무라지 않는다》[29]라는 책도 냈다. 그리고 나무에게 배운 10가지 교훈을 정리해보았다.

나무는 생명의 근본(根本)이다. 존재의 본질은 뿌리를 아래로 뻗는다. 뿌리를 아래로 뻗은 깊이만큼 내가 도달할 수 있는 진리를 결정한다. 뿌리를 내리는 공부에 힘써야 앞으로 나갈 길을 만날 수 있다. 본립도생(本立道生)이라는 말이 있듯이 기본과 뿌리를 제대로 잘 세우면 길이 열린다. 내가 뻗은 뿌리의 깊이가 내가 성장할 수 있는 높이를 결정한다. 높이 성장하기 위해서는 우선 깊이 뿌리를 내려야 한다. 뿌리를 깊이 내리면 뿌리치지 못한다.

나무는 꿈을 꾸지 않는다. 나무에게는 모든 순간이 결정적인 순간이다. 나무는 지금 이 순간 여기서 목숨을 걸고 살아갈 뿐이다. 나무는 꽃을 피우고 열매를 맺기 위해서 살아가지 않는다. 나무는 가을에 단풍을 사람들에게 보여주기 위해서 살아가지도 않는다. "평생 동안, 삶의 결정적인 순간을 찍으려고 노력했는데, 삶의 모든 순간이 결정적인 순간이었다." 사진작가 앙리 까르띠에 브레송(Henri Cartier Bresson)의 말이다. 나무 역시 매순간 치열하게 살아가기 위해 안간힘을 쓴다.

나무는 환경을 탓하지 않는다. 씨앗이 떨어진 자리가 내가 살아갈 자리다. 나무는 자리 선택권은 없고 오로지 자세를 선택할 수 있을 뿐이다. 씨앗이 비옥한 땅에 떨어지면 목재로 자라고 바위틈에 떨어지면 분재가 된다. 어디에 씨앗이 떨어지든 그 자리에서 목숨을 걸고 자신의 운명을 개척해나간다. 선택한 자세가 나의 자질과 역량을 결정해주는 선물이다. 나무는 자리를 탓하지 않고 오로지 주어진 자리에서 살아가기 위한 결연한 자세를 취할 뿐이다.

나무의 본질은 나목(裸木)이다. 나무의 진면목(眞面目)은 나목이다. 성하의 여름을 녹음과 함께 보낸 나무는 가을에 불타는 단풍으로 마지막 사력을 다해 살아가면서 혹한의 겨울을 준비하기 위해 모든 잎을 땅으로 돌려주고 몸집을 가볍게 만든다. 나무는 때가 되면 버리고 비우는 지혜를 몸에 익힌 것

나무는 나무라지 않는다

이다. 나무는 '겨우내' 나목(裸木)으로 버티다 '겨우 내'가 되는 힘든 과정을 온몸으로 보여준다. 허장성세의 거품을 걷어내고 나의 진면목을 드러내는 나목에서 삶의 지혜를 배운다.

나무는 절망 속의 희망이다. "준비에 실패하는 것은 실패를 준비하는 것이다." 벤자민 프랭클린의 말이다. 마지막 남은 씨과실에서 새봄의 희망을 본다는 석과불식碩果不食)의 지혜를 나무에게서 배운다. 나무가 만드는 겨울눈(冬芽)도 겨울에 만들지 않는다. 이른 봄부터 준비해서 겨울을 버티는 눈(芽)을 만든 다음 새봄에 다시 희망의 싹을 틔운다. 겨울눈(冬芽)은 겨울에 눈(雪)이 어디까지 내리는지 아는 눈(目)이다. 겨울눈을 눈이 덮어버리면 다음해 새봄의 희망을 싹틔울 수 없음을 아는 나무의 지혜다. 나무는 저마다의 끝에서 언제나 새

> "
> 자리는 바꾸기 어렵지만
> 자세는 얼마든지 바꿀 수 있다
> "

롭게 시작한다. 절망의 끝은 영원한 좌절의 끝이 아니라 희망을 싹틔우는 출발선이다.

나무는 여러 가지다. 나뭇가지는 여러 가지로 뻗는다. 여러 가지는 한 가지 나무줄기에서 뻗어 나온다. 여러 가지인 것 같지만 뿌리를 찾아가면 다 마찬가지다. 살아가면서 여러 가지 문제를 만나지만 다 마찬가지다. 여러 가지를 뻗다보면 고지에도 오르고 경지에도 이른다. 가지가지 해봐야 '고지(高地)'에 갈 수 있다. 가지가 자라면서 환경적 열악함을 이겨내려고 굽은 가지, 즉 곡지(曲枝)가 생긴다. 곡지가 있어야 심지(心志)도 굳어진다. 나뭇가지는 가지치기(pruning)를 해줘야 가지치기(branching)를 잘할 수 있다. 가지치기(branching) 없이 가지치기(pruning)를 할 수 없다.

나무는 불타는 의지다. 의지(依支)할 곳이 없을 때 가장 강력한 의지(意志)를 발휘한다. 나무는 발버둥치면서 성장하려는

'힘에의 의지'를 갖고 살아간다. 니체가 말하는 힘에의 의지는 발버둥치며 성장하려는 의지이자 여기에서 만족하지 않고 저기로 가려는 상승작용의 의지다. 의지(依支)하고 싶은 나무가 우리에게 무한한 의지(意志)를 심어준다. '단풍'은 살아남은 나무가 마지막 사투를 벌이며 보여주는 '열풍'이다. 치열하게 한 해를 살아온 나무일수록, 혹독한 환경 속에서 시련 받은 단풍일수록 단풍의 아름다움이 절정에 달한다.

나무는 비움이자 쉼이다. 쉬지 않으면 쉬게 된다. 나무는 살아남기 위해 동안거나 하안거와 같은 해거리를 한다. 나무는 한 해 열매를 많이 만들면 다음해에는 열매를 많이 맺지 않는다. 너무나 많은 에너지가 필요하다는 걸 나무는 안다. 한 해 풍성한 열매를 맺기 위해 사투를 벌인 나무는 다음해에는 쉰다. 해거리는 나무가 살아남기 위한 비장한 결단이자 몸부림이다. 해거리를 하지 않고 욕심을 부리는 나무는 오래 생존하지 못한다. 생존 자체를 보장하기 위해서 나무는 쉴 때를 안다.

나무는 모든 사람에게 스승이다. 진정한 스승은 가르치지 않고 가리킨다. 나무는 고난 극복 지혜를 온몸으로 알려주되 생색을 내지 않는다. 예를 들면 나무의 씨앗은 바람에 날려 가거나 동물이나 사람에게 먹혀서 배설물로 나와 자리를 잡고 줄기차게 자란다. 나무는 먹혀야 먹고 살 수 있음을 간파한 것이다. 바람에 날려가는 나무 씨앗은 모험을 감행해야 꿈을 펼칠 수 있음을 오래전부터 알고 있다. 자라면서 나무는 옹이를 맺는다. 옹이는 나무의 한이 맺힌 응어리다. 옹이는 외부의 상처가 안으로 깊어져 생긴 고통의 흔적이자 나이를 먹으면서 자기 몸에 아로새긴 삶의 얼룩이다. 나무는 언제 흔들리는가? 살아있는 '거목(巨木)'은 흔들리지만 죽은 '고목(古木)'은 흔들리지 않는다!

나무는 방랑하는 예술가다. 나무는 자연선택이 아니라 자연표류의 결과다. 나무는 나무 씨앗이 품고 있는 유전적 특성에 따라 자라는 것이 아니다. 나무는 씨앗이 바람에 날려 흩어지거나 물길을 따라 표류하다가 정착한 곳에서 자란다. 언제 어떤 상황이 펼쳐질지 누구도 예측할 수 없다. 나무는 환경에 따라 표류하면서 부딪히는 돌발적 변수가 낳은 우연의 산물이다. 나무는 유전자의 본래 의도나 사전에 기획된 의도대로 살아가는 게 아니다. 나무는 지금 여기서 만나는 불확실한 다양한 변수를 만나 이렇게 휩쓸리고 저렇게 흔들리며 자리를 잡아가는 방랑 예술가다.

나무는 뿌리로 땅(地)의 소리를 듣고 줄기와 가지로 하늘(天)의 소리를 듣는다. 그리고 깨달은 지혜를 인간에게 전해주며 천지인(天地人)의 조화를 꿈꾸며 살아간다. 나무를 우러러봐야 되는 이유는 가장 낮은 땅에서 씨앗을 뿌리고 가장 높은 하늘을 향해 하루도 쉬지 않고 분투노력하는 치열함 때문이다. 나무를 바라보기 위해서는, 아니 나무의 마음을 가슴으로 이해하기 위해서는 내려다봐서는 안 되고 오로지 우러러볼 수밖에 없다. 나무를 깔보지 않고 우러러봐야 되는 이유다. 나무를 알기보다는 느끼는 것이 중요하다. "자연을 아는 것은 자연을 느끼는 것의 절반 만큼도 중요하지 않다." 머리로 자연을 이해하는 것보다 가슴으로 느끼는 것이 소중함을 역설한 레이첼 카슨의 명언이다. 마찬가지로 나무를 아는 것보다 느끼는 것이 훨씬 중요하다. 책상에 앉아서 나무에 관한 책을 수십 권 보는 것보다 직접 나가서 나무를 만나 말도 걸고 어루만지면서 나무가 살아온 지난 삶의 여정을 조용히 들어보는 게 중요하다.

나무에 관한 기도문

언제나 우리 주변에 계신 나무여!/나무를 사랑하며 살아가게 해주시고/나무에게 배우며 살아가는 길이/생명과 우주의 본질을 만나는 길임을/온몸으로 증거하게 도와주시옵소서./우리 주변에 계신 나무여!/우리에게 나무로 사색할 여유를 주시옵고/진정한 삶의 본질이 무엇인지를 나무를 통해 성찰하게 해주심에/눈물겨운 감동을 느끼고 있습니다./나무가 나무라지 않으면서 인간이 저지른 죄를 사하여 준 것과 같이/인간이 나무에게 남긴 상처와 고통을 치유하여 주시옵소서./나무가 전해주는 감동과 위대한 지혜가/앞만 보고 달려가는 속도와 능률복음에 왜곡되지 않게 도와주시고/허황된 욕망으로 유혹하는 불행한 미래상에서 벗어나게 해주시옵소서.

"나무가 나무에게 말했습니다. 우리 더불어 숲이 되자고. 나무의 꿈은 낙락장송(落落長松)이나 명목(名木)이 되는 게 아니라 더불어 숲이 되는 것"이라는 신영복 교수의 말씀처럼 모든 사람은 소나무처럼 독야청청(獨也靑靑)하는 인재보다 신갈나무처럼 더불어 숲을 이루는 인재로 자라야 한다. 나무가 살아가는 세계, 한 자리에서 움직이지도 못하고 평생을 치열하게 살아가는 나무가 나직하게 들려주는 나무와 숲이 만들어 가는 지혜의 향연을 가만히 들어보자. "나무가 보내는 긴 침묵과 기도, 그리고 지혜의 숲으로 여러분을 초대한다."출판사 〈나무 생각〉 홈페이지에 나오는 글이다.

와인과 여인
: 와인(臥人)은 누워 있는 여인(女人)이다

*당신은 남과 비교합니까,
비전을 품고 비유합니까?*

"창의성은 새로운 것들의 옛날식 조합과 옛날 것들의 새로운 조합을 통해 생겨난다"는 미국의 조직이론가, 칼 웨이크(Karl Weick)의 말이나 "아이디어란 '기존 요소들'의 '새로운 결합'이다"라고 생각하는 제임스 웹 영(James Web Young)의 말, 또는 "창의성은 만날 것 같지 않은 이질적 요소의 충돌이나 갑작스러운 만남(Creativity comes from unlikely juxtapositions)"에서 유래한다고 말한 전 MIT Media Lab 니콜라스 니그로폰테(Nicholas Negroponte) 소장의 말에는 모두 공통점이 있다. 창의적인 아이디어는 관계없다고 생각되는 두 가지 이상의 이질적 요소가 만날 때 생긴다는 점에서 이들은 공통적인 의견을 갖고 있다. 관계없는 이질적 요소를 뒤섞거나 버무려 새로운 관계를 만들고 거기에 의미를 부여하는 사유가 바로 아이디어이자 창의성이며 메타포(metaphor), 즉 은유법이다. 겉으로 보기에는 이질적이지만 공통점을 찾아 새롭게 연결함으로써 지금 여기서 미지의 저기로 인식의 지평을 열어가는 사유의 촉매제가 바로 은유법이다. "은유의 본질은 한 종류의 사물을 다른 종류의 사물의 관점에서 이해하고 경험하는 것이다." M. 존슨과 조지 레이코프가 쓴 《삶으로서의 은유》[30]에 나오는 말이다. 예를 들면 《공부는 망치다》 책 제목처럼 공부를 망치의 관점에서 바라보고 망치의 관점에서 공부를 바라볼 때 이전에 생각할 수 없었던 새로운 인식의 지평이 열린다. 마찬가지 맥락에서 "은유는 대상의 삼킴이다. 대상을 삼켜서 다른 무엇으로 다시 태어나게 한다."라고 《은유의 힘》[31]에서 주장한 장석주 시인의 말도 음미해볼 필요가 있다.

와인을 국어사전에서 찾아보면 "포도의 즙을 발효시켜 만든 서양 술"이라고 정의되어 있다. 결국 와인은 포도로 만든 서양술이다. 와인을 이런 식으로 정의하면 인간의 상상력은 여기서 그친다. 와인을 이전과 다르게 생각하는 인식의 지평을 열어가려면 와인을 다르게 정의해야 한다. 와인을 다르게 정의하는 방법 중에 한 가지가 바로 은유법을 사용하는 것이다. 은유법은 겉으로 보기에는 닮지 않았지만 자세히 살펴보면 닮은 점이 있음을 찾아내서 두 가지를 이전과 다른 관계로 연결시켜 색다른 상상력의 세계로 유도하는 수사학적 비유법이다. 와인바에 가면 모든 와인은 왜 누워서 보관하는지를 호기심 어린 눈으로 바라보고 상상력의 날개를 달고 재미있는 발상을 시작해본 적이 있다. 물론 코르크 마개가 건조되는 것을 방지하기 위해서라고 논리적으로 생각할 수도 있다. 하지만 비상하는 상상력은 논리의 세계가 사라지는 지점에서 시작된다. 누워 있는 와인을 보고 혹시 '와인'의 '와'가 누울 와(臥)가 아닐까 하고 엉뚱한 발상을 한 적이 있다. 와인과 여인의 관계를 은유적으로 생각하면 생각지도 못한 닮은 점이 존재하지 않을까. 이것이 바로 메타포의 위력이다. 전혀 닮지 않은 것 같지만 파고들어가 생각해보면 닮은 점이 많다. 와인과 여인을 예로 들어 메타포의 위력을 살펴보자. 관계없었던 와인과 여인이지만 새로운 관계를 발견하게 되고, 와인과 여인 사이에 존재했던 경계가 붕괴된다. 와인과 여인 사이에 상호침투가 일어나 와인에 대한 새로운 의미가 생성되면서 포도로 만든 서양술이라는 생각을 전혀 다른 방향으로 생각하게 함으로써 와인에 대한 새로운 사유가 비약적으로 발전하게 된다.

무엇이든지 노골적으로 말하지 않으면 바로 직격탄이 날라오면서 분명히 직유법으로 말해달라는 노골적인 대화가 난무하는 세상에 은은하고 은근한 사유가 은밀히 싹틀 수 있는 사유의 텃밭이 없어지고 있다. 누워 있어서 와인(臥人)이라는 호기심으로 시작한 와인에 대한 은유적 표현은 와인과 누워 있는 여인의 닮은 점을 찾아내는 과정으로 자연스럽게 연결되면서 '와인은 여인'이라는 놀라운 메타포를 개발한다. 누워 있는 와인을 보면 호기심이 생기듯, 누워 있는 여인을 보면 남자들도 호기심이 생긴다. 저 여인이 왜 누워 있을까?

　와인과 여인의 첫 번째 공통점은 와인이나 여인은 모두 누워 있을 때 사람의 호기심을 끌어당긴다는 점이다. 포도즙으로 만든 서양술로서의 와인은 호기심과 상상력의 대상이 되기는 어렵다. 와인을 포도주라고 생각하고 거기서 더 이상의 호기심을 갖지 않으면 와인은 그저 식사 중에 마시는 술의 한 종류일 뿐이다. 하지만 와인을 와인(臥人)으로 해석, 누워 있는 여인에 비유하면 와인은 여인의 입장이 되어 보는 것이고 여인은 와인 입장이 되어 둘 사이의 경계가 무너지고 상호침투가 일어나기 시작한다. 와인은 여인 입장이 되어 여인과의 공통점을 찾게 되는 것이고 여인은 와인 입장이 되어 와인과의 닮은 점을 찾기 시작하면서 둘 사이는 아주 가까운 관계로 돌변하기 시작한다. 와인은 여인을 삼키고 여인은 와인을 삼켜 역지사지 입장에서 서로를 비틀고 꼬아서 색다른 관계의 지평을 열어간다.

둘째, 와인과 여인의 공통점은 숙성과 성숙에 있다. 포도가 포도주로 건너가기 위해서는 속성보다 숙성의 기다림을 견뎌내야 한다. 일정 기간 숙성의 지난한 과정을 거쳐야 비로소 와인의 풍부한 맛이 생겨난다. 마찬가지로 산전수전을 겪어가면서 우여곡절과 파란만장이라는 친구를 사귀면서 세월의 흐름과 더불어 인간적 풍비를 더해갈 때 한 여자는 형언할 수 없는 인간미를 지닌 아름다운 여인으로 변신하는 것이다. 성장을 넘어 성숙해지는 비결은 오로지 숙성밖에 없다. 숙성의 길을 포기하는 순간 졸속과 기교가 판을 치면서 가짜가 진짜처럼 행세하는 경우가 발생한다. 숙성은 격을 높여 품격을 낳는다. 품격 높은 와인일수록 오랜 기간 숙성을 통해 포도가 잉태하고 있는 자연의 기운을 고스란히 안으로 품는다. 그런 와인을 마실수록 그윽한 맛과 향이 진하게 드러난다. 여인도 인고의 세월을 겪으며 성숙한 여인일수록 함께 애기할 수 있는 체험적 공감대가 깊어서 인간적인 매력이 묻어난다. 숙성된 와인과 성숙한 여인은 그래서 공통점이 있다.

셋째, 혹독한 조건에서 자란 포도로 담근 와인일수록 와인

여인은 누워 있는 와인이다

의 맛이 그윽하다. 마찬가지로 자신의 트라우마를 카리스마로 바꿔낸 코코 샤넬처럼 여인도 시련과 역경을 견뎌낸 여인일수록 그 아름다움을 형언할 수 없다. 지금 즐기고 있는 풍경도 곤경이 낳은 자식이고, 내가 누리는 남다른 경력도 역경이 만들어준 소중한 선물이다. 환경이 열악할수록 포도는 심각한 스트레스를 받지만, 그 스트레스가 바로 포도의 당도로 연결되어 형언할 수 없는 독창적인 와인 맛을 내는 원동력이 된다. '스트레스 받은'에 해당하는 영어 'stressed'를 뒤집으면 놀랍게도 '디저트(desserts)'가 된다. 적당한 스트레스는 포도의 당도를 높여주는 보약인 셈이다. 마찬가지로 산전수전 다 겪으면서 자기다움을 찾아가는 여인일수록 베일에 쌓인 신비의 마력과 형언할 수 없는 내공을 지닌다. 모든 '아름다움'은 앓고 난 사람이 보여주는 '사람다움'에서 비롯된다. 깊은 맛으로 사람을 끌어당기는 그윽한 와인 맛에 빠지듯 세월의 내공으로 사람을 품어주는 여인의 매혹적인 인간미의 마력에 빠져들면 그 누구도 빠져나올 수 없다.

넷째, 좋은 와인일수록 자신의 진가를 드러내는 데는 오랜 시간이 걸린다. 품격 높은 와인일수록 마시기 최소 몇 시간 전에 열어 놓고 공기 중에 산소와 접촉할 시간을 줘야 한다. 그렇지 않으면 와인은 마음을 열지 않는다. 오랫동안 병속에 갇혀 있으면서 품고 있었던 깊은 맛이 겉으로 드러나기 위해서는 비교적 넓은 병에서 자유롭게 산소와 접촉하는 시간을 가져야 한다. 여인도 마찬가지다. 사랑하는 사람에게 마음을 열기까지는 오랜 시간이 걸린다. 마음이 닫히면 몸도 닫힌다. 와인이 자신의 진가를 드러내기 위해서는 마시기 전에 2~3시간을 산소와 접촉하는 디캔팅(decanting)을 하듯 여인도 오랜 기간 동안 정성을 들여 마음의 문을 열 수 있도록 유도해야 한다. 그래야 비로소 빗장 걸린 마음의 문을 열어준다. 급하다고 자기 하고 싶은 말만 하는 사람에게는 마음이 열리지 않는다. 가장 말하기 좋은 시기는 상대방이 마음의 문을 활짝 열 때다.

다섯째, 좋은 와인과 아름다운 여인일수록 꼬달리(caudalie)가 오랫동안 유지된다. 꼬달리는 불어로 "와인을 삼키거나 뱉어낸 이후에도 계속되는 와인의 미각, 후각적 자극의 길이를 측정하는 단위"다. 한마디로 꼬달리는 와인을 마시고 난 후에도 빈 잔에 남아 있는 와인 특유의 잔향(殘香)이다. 좋은 와인일수록 와인을 마시고 나도 그 진한 꼬달리가 빈 잔에 그대로 남아 있다. 와인을 다 마시고도 빈 잔을 돌리면 진한 향기가 진동을 한다. 그만큼 좋은 와인은 겉으로 자신을 드러내지 않고 자연으로부터 받은 사계절의 기운을 안으로 품고 있다. 마찬가지로 매력적인 여인일수록 한 번 만났어도 그 여인의 이미지가 깊게 각인되면서 오랜 시간이 지나도 사라지지 않는다. 잠깐 만났지만 그 여인의 어투와 몸짓, 그리고 전반적으로 다가왔던 강렬하지만 은은한 오라뿐만 아니라 인간적 면모가 선명한 이미지로 오랫동안 뇌리에 자리 잡는다. 옷차림과 외모는 물론 전반적인 모습에서 풍기는 한 여인의 뇌쇄적인 이미지는 그 사람을 만난 남자를 미지의 세계로 자꾸 데려가려는 상상력이 날개를 펼친다.

여섯째, 좋은 와인일수록 감각적으로 남은 그 맛의 기억은

코와 입에 오랫동안 잊을 수 없는 추억의 한 페이지를 장식한다. 기회가 되면 다시 마시고 싶은 강렬한 충동을 느끼는 것은 당연한 와인 마니아의 욕심이다. 어떤 와인은 처음 마셔 봤지만 그 맛과 향을 설명할 수 없을 정도로 입 안을 가득 채우면서 목구멍을 타고 몸 구석구석으로 스며든다. 스쳐 지나간 와인은 언젠가 또 인연이 될지 모르지만 스며든 와인은 깊이 사랑하지 않을 수 없는 연인으로 다가온다. 마찬가지로 아름다운 여인일수록 다시 만나고 싶은 욕망이 사라지지 않는다. 첫 만남에서 받은 강한 인상은 묘한 매력을 풍기면서 시간이 지나도 쉽게 사라지지 않는다. 꼬달리가 오랫동안 남는 와인일수록 그 향기가 가시기 전에 다시 마시고 싶은 충동을 자제할 수 없듯이 아름다운 여인일수록 보고 또 봐도 다시 보고 싶은 느낌을 지울 수가 없다. 와인이든 사람이든 매혹적인 모습에는 인간적 자제력으로는 도저히 견딜 수 없게 만드는 마력이 숨겨져 있다. 또 만나고 싶게 만드는 끌림의 원동력은 자기만의 독창적인 컬러로 사람들에게 관심을 받기 위해 자기다움의 DNA를 뿌린 결과다. 즉 뿌림이 끌림을 낳는다. 독창적인 컬러나 스타일에 끌리기 시작하면 이제 아예 쏠림 현상이 발생한다. 마음의 쏠림은 신체의 꼴림을 가져와 마음을 움직여서 몸이 가닿고 싶게 만드는 욕망을 자극하기 시작한다. 그래서 이제 몸과 마음이 통제할 수 없는 속수무책의 상태가 될 때 완전히 넋이 나가는 홀림의 경지에 이르게 된다.

일곱째, 동일한 와인과 여인일지라도 언제 어디서 어떻게 만나는지에 따라서 다 다른 모습을 보여준다. 와인의 종류와 빈티지가 같은 와인이라도 누구와 어디서 마시느냐에 따라 와인의 맛과 향은 천차만별(千差萬別)이다. 동일한 와인이라고 할지라도 그날의 기분과 분위기에 따라서 혀끝에 감도는 미각과 콧속으로 다가오는 향은 비슷하기도 하지만 다르게 와 닿는 점도 많다. 마찬가지로 지금껏 만나온 여인이지만 언제 어디서 만나느냐에 따라 지금까지와는 전혀 다른 모습으로 다가온다. 같은 와인과 여인도 이럴진대 다른 와인과 여인은 탄생 배경과 제조 과정에 따라서 컬러와 스타일이 다종다양하다. 저마다의 특성과 고유한 색깔을 지니고 있는 와인과 여인을 같은 와인과 여인이라는 범주로 일반화시키기에는 무리가 따른다. 그만큼 저마다의 고유한 컬러와 스타일로 만나는 사람은 언제나 색다른 감흥을 주기 때문이다.

"요리란 그 재료를 먹어 버림으로써 사라지게 하는 일, 음식을 먹는 이의 몸 안에 묻는 흥겨운 장례식이다." 리베카 솔닛의 《멀고도 가까운: 읽기, 쓰기, 고독, 그리고 연대에 관하

> "
> 직설법은 상처주지만
> 은유법은 낯선 상상력을 잉태한다
> "

여》[32]에 나오는 말이다. 요리를 장례식에 비유한 메타포다. 와인을 포도로 만든 서양술로 정의할 때와 와인을 여인으로 은유할 때 와인에 대한 상상력의 차이는 천지차이다. 세상을 이전과 다른 방법으로 보려면 세상을 바라보는 방식을 바꿔야 한다. 세상을 바라보는 방식을 바꾸는 한 가지 방법은 내가 사용하는 언어를 바꾸거나 기존 개념에 담긴 나의 신념을 바꿔서 재정의하는 것이다. 은유는 기존 개념을 재정의해서 이전과 다른 방식으로 세상을 바라보게 만들어준다. "비위를 맞추려고 노력하기보다 스스로 비유를 만들 수 있는 것만이 나의 앎이고, 내가 아는 것만이 나의 삶이에요. 남이 만든 비유를 사용하는 건 남의 집에 세 들어 사는 것과 같아요." 이성복의 《무한화서》[33]에 나오는 말이다. 남이 만든 비유를 반복해서 사용한다는 의미는 남의 생각에 세 들어 사는 것과 다르지 않다. 나만의 독창적인 사유를 개발하기 위해서는 남들이 사용하는 비유를 그대로 사용하는 수준을 넘어서 나만의 독창적인 은유를 개발해야 한다. '비유'는 막힌 '사유'를 뚫어주는 '치유'다. 남과 비교하는 데 일생을 낭비하다 비참해지지 말고 나만의 독창적인 비유를 개발해서 비전을 추구하자. 내가 고민하는 화두를 풀어내는 비유를 개발할수록 놀라운 상상력은 발동되고 미지의 세계로 다가가는 거리는 좁아진다.

당연과 물론
: 당연한 세계에 물음표를 던져야
당대를 뒤흔드는 혁신이 창조된다

*당신은 당연함을 무의식적으로 받아들입니까,
당연함에 시비를 거는 질문을 의식적으로 던집니까?*

침묵과 함께 연주되는 소음도 음악이다

MBC에 방영되었던 〈베토벤 바이러스〉라는 드라마가 있었다. 이 프로그램의 남자 주인공 강마에는 〈베토벤 바이러스〉 16회 방송 때 관중들의 이목을 집중시키는 지휘를 한다. 자신에게 무례하게 구는 시장의 취임식에서 축하 공연을 하게 된 '강마에'는 공연에 '4분 33초'라는 특이한 곡을 연주한다. '4분 33초'라는 악보에는 1악장 침묵, 2악장 침묵, 3악장 침묵이라고 써 있을 뿐, 그 어떤 음표도 없는 이상한 악보였다. 1악장을 33초, 2악장을 2분 40초, 3악장을 1분 20초 총 연주시간 4분 33초 동안 그 어떤 악기도 연주하지 않고 주변에서 흘러나오는 침묵을 들어보라는 '무음의 음악'이다. 강마에는 〈4분 33초〉라는 악보를 펼쳐들고 지휘를 시작한다. 하지만 어떤 움직임도 보여주지 않고 지휘봉을 들고 한참을 서 있다가 1악장이 끝났다고 하면서 손수건으로 땀을 닦으며 말문을 연다.

"이 곡은 우연성의 음악이론에 기초한 현대음악입니다. 4분 33초 동안에 아무런 연주를 하지 않는 상태에서, 그 공연장에서 발생하는 모든 소리들이 나에게 어떤 음악으로 다가오는가 느껴보자는 거죠. (관객들 향해) 여러분도 마찬가집니다. 기침? 그냥 하세요. 종이가 떨어지면 줍고 핸드폰이 울리면 받으세요. 음악은 여러분 주변에 있습니다. 즐기세요!"

사실 강마에가 패러디한 연주의 음악적 기원은 1952년 8월 29일, 미국 뉴욕의 우드스톡(Woodstock) 야외 공연장에 피아니스트 데이비드 튜더(David Tudor)가 무대 위에서 연주하는 장면을 모방한 것이다. 튜더가 초연한 작품은 존 케이지(John Milton Cage Jr.)의 〈4분 33초〉. 피아노에 앉아 뚜껑을 연 튜더는 작품의 연주를 시작할 것으로 생각했던 관중들의 기대를 저버리고 그저 시계만 보고 있었다. 그러더니 뚜껑을 닫고 일어나서 인사만 하고 들어갔다. 청중들은 평소처럼 기대했던 피아니스트가 연주하는 소리 대신 침묵과 함께 들려오는 공연장 주변을 스쳐지나가는 바람 소리와 자신들이 무의식 중에 내뱉은 헛기침 소리, 그리고 기대했던 연주가 시작되지 않자 술렁이는 소리와 걱정스러움, 그리고 거부감이나 황당함과 허탈한 한숨 등 음악적 소리 대신 주변에서 들리는 소음을 들었다. 사실 존 케이지가 노린 의도는 겉으로 드러나는 소리(聲)보다 소리 뒤에 울려 퍼지는 여운(餘韻)이었다. 겉으로 들리는 소리, '성(聲)'에 익숙한 청중은 그날 소리가 끝난 뒤에 울려 퍼지는 '운(韻)'이나 그동안 무의식중에 흘러 다녔던 일상의 소리를 음악으로 처음으로 들어본 것이다.

엄밀히 말하면 그날 그곳에 모였던 청중들은 연주되는 음악 대신 자연스럽게 들리는 소음을 들은 것이다. 소음이 음악으로 변주된 세계 최초의 사건이다. 그 후 기존의 음악과 소음은 동일한 음악의 영역에 놓이게 된다. 존 케이지가 노린 것도 연주 소리 대신이 일상에 접하는 모든 소리를 음악으로 해석할 수 있다는 음악적 고정관념의 파괴였다. "우리가 어디를 가던 우리의 귀에 들리는 것은 대부분 소음이다. 우리가 소음을 귀찮아한다면 소음은 오히려 우리를 괴롭힌다. 만약 우리가 그것을 주의 깊게 들으려 한다면 소음이 얼마나 환상적인 것인가를 드디어 알게 된다. 소음이야말로 경이로운 음악이다, 가장 자연적인." 누구나 소음을 듣고 살아왔지만 아무도 소음을 음악으로 해석하려고 하지 않았다. 이런 점에서 예술적 혁신도 전대미문의 새로운 것을 창작하는 것이 아니라 주변에 있던 익숙한 것을 낯설게 해석하는 가운데 잉태되고 탄생된다. 소음을 음악으로 해석한 존 케이지의 혁신적 발상을 생각하면 《논어》에 나오는 절문이근사(切問而近思)라는 말이 연상된다. "간절하게 묻되, 가까운 것부터 생각한다"는 말이다. 멀리서 아이디어를 얻으려고 하지 말고 가까운 곳을 이전과 다른 관심으로 질문을 던지고 관찰하면 놀라운 생각이 떠오른다. 문제는 가까운 곳에 있는 익숙한 현상이나 사물을 늘 보았던 방식대로 보고, 다른 관심과 애정으로 바라보지 않는다는 데에 있다.

혁신은 기존 개념의 재정의에서 시작된다

〈4분 33초〉라는 음악은 전위예술음악으로 세계적 명성을 떨쳤으며 백남준에게 큰 영향을 끼쳤던 존 케이지가 작곡한 독특한 악보다. 이 작품은 미술에서 마르셀 뒤샹(Marcel Duchamp)이 레디메이드(Readymade, 기성품)인 남자 소변기를 '샘'이라는 작품으로 출시했던 것만큼이나 충격적인 음악작품이다. 뒤샹이 기성품인 남성용 변기를 '샘'이라는 제목을 붙여 출품한 것처럼 존 케이지의 〈4분 33초〉도 아무것도 없는 악보에 의미를 부여해서 작곡하지 않고도 위대한 음악이 될 수 있음을 보여준 혁명적인 사건이었다. 미술 역사상 창작 행위를 하지 않고 기성품에 새로운 의미를 부여해서 예술품이라고 재해석한 혁명적인 미술작품을 창시한 뒤샹처럼 실험적인 음악가 케이지 역시 연주를 통해 나오는 소리를 소거하는 대신 자연과 일상에서 들을 수 있는 모든 소리를 음악으로 재해석했다. 모든 혁신은 원래 그런 세계, 당연하다고 생각한 일상, 원래 그렇다고 치부해버린 세상에 문제를 던져 시비를 걸고 의문을 제기하는 가운데 일어난다. 정의를 바꾸지 않으면 남이 정의한 세계에 갇혀 살 수밖에 없다. 정의(定義)를 바꾸면 정의(正義)로운 세상이 내가 정의한 세계관대로 풀리기 시작한다. 혁명을 일으키고 혁신을 주도한 사람들의 공통점은 자기만의 정의로 세상을 다시 본 사람들이다. 정의를 바꿔야 세상이 다르게 보이기 시작한다.

〈4분 33초〉 악보는 악보지만 악보에 아무것도 없다. I. Tacet, II. Tacet, III. Tacet라고만 쓰여 있다. Tacet는 침묵을 의미한다. 그야말로 음악에 대한 고정관념을 깨부순 사건이다. 음악은 연주자는 연주하고 청중은 그 음악을 들어야 한다는 고정관념을 깨고 우리 주변에서 들을 수 있는 모든 소리가 음악이라는 주장이다. 음악에 대한 개념을 새롭게 정의한 혁명이다. 혁신은 개념의 재정의에서 시작된다. 물론 그것도 음악이냐는 심한 비판과 조롱도 없지 않았다. 존 케이지는 이런 음악적 반란을 염두에 두고 의도적으로 기존 음악계에 대한 도전이자 반항을 감행했다. 이는 전통적으로 악기가 내는 소리만 음악이 된다는 고정관념에 반기를 들고 소음을 포함해서 인간이 들을 수 있는 모든 소리가 다 음악이 될 수 있다는 음악적 관념을 새로운 개념으로 재정의하려는 의도를 강하게 반영하고 있었다. 케이지의 이런 발상의 이면에는 평소에 동양문화와 선불교 사상에 깊은 영향을 받은 바가 숨어 있다. 실제로 존 케이지는 1940년 미국 콜롬비아 대학에서 일본 선불교의 다이세츠 스즈키라는 학자에게 2년간 선불교 수업을 들으며 "지금 이 순간 속에 전 우주가 들어있다"는 가르침에 크게 영향을 받았다. 〈4분 33초〉라는 음악도 이런 사상적 영향력이 보이지 않게 축적되어 나타난 혁신적인 음악이었다. "경영자에게 필요한 아이디어의 80%는 경영의 테두리 밖에서 나온다." 게리 하멜(Gary Hamel) 시카고대학 교수의 말처럼 케이지도 혁신적인 음악적 아이디어를 음악 밖에서 잉태한 것이다.

당연함을 '부정'할 때 혁신은 '인정'된다!

혁신적 발상의 이면에는 가정(assumption)을 부정하는 사고방식이 숨어 있다. 예를 들면 "음식점에는 메뉴가 있다"는 가정을 "음식점에는 메뉴가 없다"고 생각할 경우 메뉴 없는 음식점이 탄생한다. 메뉴 없는 음식점은 이제 메뉴가 있는 음식점과 경쟁하지 않고 메뉴 없이도 고객의 입맛에 맞는 요리를 제공할 수 있는 자신과 경쟁하면서 새로운 가능성의 문을 열어갈 것이다. 모든 선풍기에는 날개가 있다고 가정하는 선풍기 회사에서는 경영혁신을 거듭해도 기존 선풍기와 별반 다르지 않은 그저 그런 선풍기만 나온다. 예를 들면 선풍기 모양을 바꾼다든지, 선풍기 모터를 더 강력한 것으로 채택한다든지 또는 선풍기 날개 모양이나 바람의 방향을 바꾸는 다양한 선풍기도 선보일 수 있다. 하지만 기존 선풍기에 익숙한 경쟁업체나 고객은 나름대로 색다른 선풍기를 선보여도 기존 선풍과 차별화되지 않는 기시감(旣視感, 프랑스어: Déjà Vu 데자뷔) 때문에 색달라 보이지 않는다. 기시감은 처음 보는 대상이나, 처음 겪는 일을 마치 이전에 보았다는 느낌을 받는 이상한 느낌이나 환상을 말한다. 그런데 영국 가전업체 다이슨(Dyson)사는 선풍기에 날개가 있다는 기존 가정을 없애고 날개 없는 선풍기, '다이슨 쿨(Dyson cool)'을 개발했다. 이 선

> "
> 고정관념을 통렬하게 깨부숴야
> 고장관념이 되지 않는다
> "

풍기는 왜 선풍기에 꼭 날개가 있어야 될까라는 선풍기에 대한 기존 가정에 의문을 품고 당연함을 부정한 결과 탄생한 혁신적인 선풍기다. 마찬가지 맥락에서 종이 서류를 고정시키는 데 사용하는 스테이플러도 꼭 침이 있어야 한다는 고정관념을 깨부수고 침이 없는 스테이플러(stapleless staplers)가 탄생했다. "~에는 ~가 있다"를 "~에는 ~가 없다"로 바꿔서 생각하는 순간 혁신적인 아이디어가 생각지도 못한 방식으로 탄생한다.

존 케이지의 〈4분 33초〉라는 음악도 마찬가지 발상에서 시작한다. 모든 음악은 음표를 활용하여 작곡한 다음 작곡한 악보대로 악기가 연주하고 성우가 노래해야 한다는 음악에 대한 고정관념을 뒤집은 음악사의 사건이다. "음악에는 음표가 있다"는 가정을 없애고 음표가 없는 악보를 작곡한 역발상의 전형이다. 예술이든 경영이든 혁신적 발상의 근저에는 언제나 생각의 물구나무서기를 통해 세상을 거꾸로 보려는 역발상이 잠자고 있다. 한국이 낳은 세계적인 비디오 아트의 창시자, 백남준의 작품 세계도 상상을 초월하는 파격과 일탈의 예술성이 판을 친다. 백남준의 이런 작품성에 지대한 영감을 준 사람도 바로 존 케이지였다. 존 케이지 사후, 백남준은 다음과 같이 진술하였다. "내 삶은 1958년 8월 저녁 다름슈타트에서 존 케이지 공연을 보면서 시작되었다. 내게는 1957년이 '기원 전 1년'이었고, 존 케이지가 죽은 이듬해인 1993년이 '기원 후 1년'이었다."라고 정의하며 스승에 대한 경외심을 보여주었다. 실제로 '새장 속 케이지(Cage in the Cage)' 작품을 통해 스승인 존 케이지를 '케이지'란 새장에 가둬놓는 장난기 어린 발상을 통해 진정한 예술적 창작은 기존의 틀과 벽을 깨부수는 가운데 일어난다는 점을 웅변하기도 했다. 새장 바닥에 배설물처럼 피아노 현을 쌓아놓은 의도는 스승인 존 케이지가 기존의 음악적 틀에 갇혀 있어도 자기 방식으로 작곡을 시도하는 혁신적인 음악가임을 간접적으로 보여주려는 의도가 숨어 있지 않았을까. 백남준과 그의 스승 존 케이지는 모든 혁신은 혁신적인 시도 이전에 고정관념과 타성에 젖은 가정을 혁신적으로 부정하는 가운데 일어난다는 점을 보여주고 있다.

智 지

지혜와 안목으로 미래를 준비하다

154 독서와 저서: 저서는 치열한 독서에서 나온다

163 공부와 승부: 승부는 공부가 결정한다

172 인공지능과 인간지성
  : 인공지능은 가능하지만 인공지혜는 불가능하다

187 이미지와 미지: 이미지는 미지의 세계로 인도하는 청사진이다

198 곡선과 시선: 곡선은 세상을 다르게 보는 시선이다

독서와 저서
: 저서는 치열한 독서에서 나온다

당신은 지금 책과 거리를 둡니까,
책과 눈을 맞추고 있습니까?

누구나 책을 많이 읽어야 하지만 더 많이 읽어야 사람이 있다. 바로 분야별 전문가다. 책을 안 읽거나 자기 분야 책만 편식하면 전문적인 문외한으로 전락하기 때문이다. 더구나 기업의 인재육성 전문가는 그 누구보다 책을 많이 읽어야 한다. 그들이 다른 전문가와 다른 점은 다양한 전문가를 필요한 시기에 필요한 사람에게 연결해 줌으로써 해당 분야의 전문성을 어떻게 체계적으로 개발해 나갈지를 도와주는 전문가이기 때문이다. 이런 점에서 인재육성 전문가는 누구보다도 다양한 분야의 책을 주기적으로 읽고 전문 분야별 최신 트렌드나 이슈가 되고 있는 내용을 빠르게 습득하고 소화해서 인재육성에 참고해야 한다. 한 사람이 모든 분야의 능통한 전문가가 되기는 불가능하다. 대신 다양한 분야의 전문가와 직접 만나 소통은 가능하다. 분야별 전문가를 직접 만날 수 없을 때 가장 현실적인 대안은 전문가가 쓴 책을 보는 방법이다. 책을 보는 이유는 사람마다 다르다. 하지만 책을 읽는 가장 중요한 이유는 내 생각만으로는 한계가 있음을 깨닫고 다양한 분야의 색다른 생각과 접목하기 위해서다.

"'자신의 사고방식'으로 생각하기를 멈추고 '타인의 사고방식'에 상상으로 동조할 수 있는 능력, 이를 '논리성'이라 부른다." 우치다 타쯔루의 《말하기 힘든 것에 대해 말하기》[34]에 나오는 말이다. 어떤 문제에 봉착했을 때 내 생각만으로는 해결할 수 없다는 한계를 알면 빠른 시간 안에 다른 사람의 생각을 끌어와야 한다. 하지만 대부분의 사람은 문제와 끝까지 씨름하다가 결국은 포기하는 경우가 많다. 자신의 생각만으로 주어진 위기나 문제를 해결할 수 없다는 생각이 들 때 다른 사람의 생각을 빌려와서 다른 방도를 추구하지 않으면 문제가 해결되기는커녕 악화되기가 일쑤다. 다양한 책을 읽으면 그만큼 내 생각과 다른 다양한 생각을 만난다. "내 머릿속에 들어온 오만가지 생각 중에서 몇 가지만 수태되어 새로운 생각으로 탄생한다. 생각은 본래 짝을 찾아 줄기차게 맞선을 보고 추파를 던지고 사랑을 나누기 때문에 부모가 정확히 누군지 모른다." 시어도어 젤딘의 《인생의 발견》[35]에 나오는 말이다. 새로운 생각 자손이 탄생하기 위해서는 기존 생각은 낯선 생각과 사랑을 나눠서 생각을 임신해야 한다. 낯선 생각의 탄생은 낯선 생각과 접목될 때다. 책은 낯선 생각을 품고 있는 위험한 사고의 보고(寶庫)다.

"책과 눈이 맞는 순간은 심장이 멎는 순간이다. 차라리 안 읽었으면 위험한 생각은 잉태되지 않는다. 하지만 책을 읽지 않고 지금 생각대로 살아가는 삶이 더 위험한 인생이 아닐까…… 위험한 생각을 품게 만들지 못하도록 막는, 아니 기존 생각을 방치하게 만드는 익숙한 책 읽기나 아예 읽지 않는 행위야말로 가장 위험한 생각이며 삶이다." 유영만의 《독서의 발견》[36]에 나오는 말이다. 책을 그냥 읽은 게 아니라 기어이 읽고 말았을 때 책은 이미 내 몸을 관통하며 심한 진저리를 일으킨다. 그러고 나면 책을 읽기 전의 상태로 돌아갈 수 없다. 책을 읽기 전에는 오이였지만 책을 읽고 나면 피클로 바뀐다. 독서는 그만큼 위험한 행위다. "그의 책을 읽었다기보다 읽고 말았습니다. 읽고 만 이상, 거기에 그렇게 쓰여 있는 이상, 그 한 행이 아무래도 옳다고밖에 생각되지 않은 이상, 그 문구가 하얀 표면에 반짝반짝 검게 빛나 보이고 만 이상, 그 말에 이끌려 살아갈 수밖에 없습니다." 사사키 아타루의 《잘라라, 기도하는 그 손》[37]에 나오는 문장이다. 책은 멀쩡한 자아를 분열시키고 내 생각에 심한 생채기를 만든다. 문제없이 평온했던 세상이 갑자기 심한 문제 덩어리로 다가온다.

  우연히 읽은 책 한 권이 한 사람의 운명을 바꾼다. 책과 눈이 맞는 순간, 그 사람의 운명은 어디로 나아갈지 예측할 수 없다. 책과 만난 우발적 마주침이 새로운 깨우침을 주고 가르침을 선물로 준다. "난 별 기대 없이 읽었다. 무심코 첫 장을 읽다가 뇌의 전두엽에 불이 반짝 켜졌고, 몇 장을 더 읽으니 폐에 산소 공급이 원활하지 못해졌고, 중간쯤 가서는 심장마비가 올 것 같아 책을 탁 덮어버렸다. 한마디로 내 지적 편력과 모험이 조롱받아 마땅할 장엄한 충격이었다." 박상륭의 《죽음의 한 연구》를 읽고 이산하 시인이 《피었으므로, 진다》[38]에 쓴 글이다. 우리가 언제 이런 독서의 충격을 받아본 적이 있을까. 2021년 문체부 독서 통계에 따르면 우리나라 성인은 연간 4.5권을 읽는다고 한다. 2019년 8권에서 무려 3.5권이 줄어든 것으로 나타났다. 책을 읽어야 지금 여기서 안주하는 삶이 부끄럽다는 걸 느낀다. 책은 나를 부끄럽게 만들어 지금과는 다른 삶으로 유도한다. 책을 읽어야 내 사고의 한계가 있음을 깨닫고 이전과 다른 삶을 살아가려고 노력한다. "우리가 좋아서 읽는 이 책들은 현재의 책들이 아니라 미래의 책이다. 우리가 읽는 문장들은 미래의 우리에게 영향을 미친다. 그러니까 지금 읽는 이 문장이 당신의 미래를 결정할 것이다. 아름다운 문장을 읽으면 당신은 어쩔 수 없이 아름다운 사람이 된다." 김연수의 《우리가 보낸 순간, 시》[39]에 나오는 말이다. 책에서 만난 인두 같은 한 문장이 한 사람의 생각을 송두리째 바꾼다. 문장에는 저자의 문제의식이 고스란히 담겨 있다.

그렇다면 인두 같은 한 문장을 만나 내 삶을 바꾸려면 어떻게 책을 읽어야 할까. 지식생태학자가 추천하는 8가지 독서

저자는 치열한 독서에서 나온다

법을 간단히 소개한다. 우선 첫 번째 독서법은 복독(復讀)이다. 복독은 여러 권 읽기보다 여러 번 읽기다. "두 번 읽기를 시행해보면 그 효력은 한 번 읽기의 두 배 정도로 그치지 않는다. 몇 배 더 큰 효력을 발휘한다. 나 자신의 경험에 비추어 보면, 한 열 배 정도의 효력이 있는 것 같다." 롤프 도벨리의 《불행피하기 기술》에 나오는 말이다. 두 번째 독서법은 습독(習讀)이다. 습독은 시간 내서 읽기보다 시간 날 때마다 읽는 독서법이다. 시간이 나면 책을 읽겠다는 사람은 시간이 나도 책을 읽지 않을 확률이 높다. 오히려 시간이 날 때마다 짬을 내서 책을 읽는 사람이 독서를 통해 많은 걸 배우는 사람이다. 셋째 독서법은 정독(精讀)이다. 정독은 빨리 읽기보다 느리게 읽으면서 저자가 말하는 의도와 의미의 껍질을 깨고 파고들어가 해석하는 독서법이다. "사람이 책을 읽으면서 자기가 읽는 대목의 의미를 알고 싶다면 오직 한 가지 방법밖에 없다. 단단하든 부드럽든 단어들의 껍질들을 깨고, 그 단어 속으로 들어가 그곳에 응축되어 있는 의미가 자신의 가슴속에서 폭발하게끔 해야 하는 것이다. 작가의 기술이란 인간의 정수를 알파벳 문자들에 압축해 넣는 마술, 바로 그것이다. 따라서 독자의 기술은 그 마술적 장치들을 열고 그 속에 갇혀 있는 뜨거운 불이나 부드러운 숨결을 느끼는 것이다."

니코스 카잔차키스의 《영국기행》[40]에 나오는 말이다.

네 번째 독서법은 체독(體讀)이다. 체독은 눈(머리)으로 읽기보다 몸으로 읽는 독서법이다. 몸으로 읽는 독서는 우선 손으로 밑줄 치면서 읽고 밑줄 친 부분을 다시 타이핑해서 독서 노트를 파일로 만들어 축적하는 독서법이다. '축적'이 '기적'을 낳는다! 눈으로 읽고 그냥 끝나면 기억에 남는 게 거의 없다. "신체화한다는 것은 논리가 아닙니다. (모국어로 된 고전을) 정말 싹쓸이하듯 읽어나가는 것, 자신의 육체에 파고들어올 때까지 읽는 것입니다. 신체화한 정형은 강합니다. 위험하지만 강합니다." 우치다 다츠루의 《어떤 글이 살아남는가》[41]에 나오는 말이다. 다섯 번째 독서법은 찰독(察讀)이다. 찰독은 책만 읽지 말고 삶을 읽는 독서법이다. 진짜 책은 삶이다. 삶을 읽으라는 이야기는 책을 읽고 삶에 적용하면서 어떤 점에서 무엇이 변화되고 있는지를 성찰하면서 읽어보라는 의미다. "성경이 아니라 생활에 밑줄을 그어야 한다." 기형도 시인의 시집, 《입 속의 검은 잎》[42] 중에서 〈우리 동네 목사님〉이라는 시의 일부다. 책 읽으면서 감동받은 문장에도 밑줄을 그어야 하지만 진짜 밑줄을 쳐야 될 곳은 책 읽고 변화된 삶이다. 여섯 번째 독서법은 고독(苦讀)이다. 고독은 편한 책만 읽기보다 불편한 책을 읽는 독서법이다. "읽을 수 있는 것을

> "
> 책(責) 잡히기 전에 책(冊)을 읽어야
> 나만의 콘텐트를 창조할 수 있다
> "

읽을 때보다 읽을 수 없던 것을 읽게 되었을 때 우리는 진정으로 읽고 있는 것이다. 편하게 읽히는 책이라면 이미 읽은 글이거나, 이미 알고 있는 생각이어서 제게 새로움을 안겨주지 않는 글, 전혀 생각할 필요가 없는 글일 가능성이 클 거라고요. 생각할 필요가 없는 글이라면 지금 이렇게 나의 시간과 존재를 걸고 읽어야 할 필요가 없지 않을까." 강민혁의 《자기배려의 책 읽기》[43]에 나오는 말이다.

일곱 번째 독서법은 월독(越讀)이다. 월독은 경계 안에서만 읽기보다 경계 밖에서 읽는 독서법이다. 전문가가 자기 분야 책만 읽으면 전문적인 문외한이 된다. 자기 분야를 다른 관점에서 바라보는 시각이 단절된다. 전공과 관심 분야를 넘나들며 읽어야 전공의 틀에 갇히지 않고 새로운 인식이 생겨 기존 관심 분야를 다르게 볼 수 있는 안목이 생긴다. 여덟 번째 독서법은 협독(協讀)이다. 혼자 읽기보다 여럿이 함께 읽으며 토론하는 독서법이다. "한 권의 책을 제대로 다 읽었다고 말할 수 있는 시점은 책의 마지막 장을 넘길 때가 아니라 독후감으로 주변 사람들과 소통이 끝나는 시점이다." 강창래의 《책의 정신》[44]에 나오는 말이다. 같은 책을 읽었어도 저자의 메시지를 해석하는 방식은 각양각색이다. 여럿이 읽고 토론하면 한 권을 여러 가지 방식으로 여러 번 읽은 효과가 난다. 이렇게 책을 읽는 궁극적인 목적은 자기만의 책을 쓰기 위해서다. 독서의 완성은 책 읽기가 아니라 책 쓰기다. 책을 쓰려면 자기만의 삶이 있어야 한다. 삶이 책으로 녹아드는 과정에서 다른 사람의 책을 참고한다. 다양한 저서를 독서하면 자기 방식으로 저서를 어떻게 써야 될지 감이 온다. 많이 읽은 사람은 자기만의 스토리를 풀어낼 방법도 그만큼 다양하다. 읽어야 삶을 다르게 읽어낼 수 있고, 다르게 읽어낼 수 있어야 다르게 쓸 수 있다. 결국 쓰기는 읽기에서 시작한다.

공부와 승부
: 승부는 공부가 결정한다

당신의 공부는 노동입니까,
놀이입니까?

"21세기 문맹자는 읽고 쓸 수 없는 사람이 아니라 배우지(learn) 않거나 다시 배울 수(relearn) 없는 사람, 그리고 이미 배운 것을 창조적으로 폐기하는 학습(unlearn)을 할 수 없는 사람이다." 미래학자 앨빈 토플러가 한 말이다. 과거에는 새로운 지식을 한 번 습득하면 지식의 생명주기를 오랫동안 유지할 수 있었다. 하지만 변화가 극심하게 전개되면서 지식의 생명주기는 급속도로 짧아지고 있다. 이 말은 이미 배운 기존 지식의 효용가치가 비교적 짧은 시간 동안만 유지되다 곧 소멸된다는 말이다. 결국 우리는 끊임없이 기존 지식, 고정관념, 상식, 타성이나 관성에서 벗어나 새로운 지식을 부단히 재학

습하는 노력을 전개하지 않으면 세상의 변화 대열에서 낙오자로 전락할 수 있다. 그런데 이런 공부를 단순히 외부 환경 변화에 대응하기 위해 어쩔 수 없이 하는 것은 노동으로 하는 공부다. 노동으로서의 공부는 자신은 하기 싫은데 밥 먹고 살기 위해서 어쩔 수 없이 하는 공부다. 노동으로 공부하는 사람은 재미와 의미가 있을 리 없다. 이에 반해 공부를 놀이로 생각하는 사람은 어제와 다른 방식으로 자기다움을 찾아 즐겁고 신나게 공부한다. 공부하는 과정에 한 번 빠지면 빠져나올 수 없으며 공부로 일어난 변화는 되돌릴 수 없는 엄청난 변신이다. 당신은 지금 남에게 보여주기 위해 공부를 노동으로 하고 있는가? 아니면 과정이 즐겁고 재미있는 놀이로서의 공부를 하고 있는가? 승부수를 띄우고 자기만의 색깔로 명승부를 연출하는 사람은 놀이로서 공부를 하는 사람이다. 그들이 생각하는 공부의 진정한 의미는 무엇일까.

공부는 호기심의 물음표로 시작하는 질문이다

공부는 어제와 다른 호기심의 물음표를 던져 감동의 느낌표를 찾아 나서는 여행이다. 기계도 질문할 수 있지만 호기심으로 질문하는 동물은 오로지 인간뿐이다. 이제 정답을 찾는 모범생 육성에서 문제를 제기하고 질문을 던지는 모험생

육성으로 교육적 패러다임을 전환할 필요가 있다. 정답을 찾아내는 능력은 인공지능이 인간지능을 능가한지 오래다. 인간은 질문하고 기계는 대답한다. 인간은 어제와 다른 질문을 던지기 위해서 존재하고 기계는 인간이 던지는 질문에 대답하기 위해서 존재한다. 인간은 기계가 쉽게 대답할 수 없는 질문을 던질 때 인간의 존재 이유는 더욱 확실해진다. 김승희 시인의 〈신의 연습장 위에〉라는 시에 이런 구절이 나온다. "나는 하나의 희미한 물음표, 어느 하늘, 덧없는 공책 위에, 신이 쓰다 버린 모호한 문장처럼 영원히 결론에 이르지 못하는 나는 하나의 물음표." 우리가 살아가는 삶은 영원히 결론에 이르지 못하는 하나의 물음표다. 공부 역시 직선의 느낌표(!)를 발견하기 위해서 곡선의 물음표(?)를 마음속에 품고 궁리에 궁리를 거듭해나가는 영원한 미완성(美完成)이다.

공부는 몸으로 깨닫는 육체노동이다

사하라 사막에서 달리는 250km 마라톤에 출전했던 경험이 있다. 120km 지점까지는 잘 달렸지만 거기까지였다. 전날 저녁을 잘 먹지 못한 상태에서 힘든 레이스를 펼치다 만난 모래 언덕은 나에게 커다란 장벽이 아닐 수 없었다. 힘겹게 오르다 굴러 떨어지면서 사투를 벌이다 결국 레이스를 포기하고 많은 것을 깨닫게 되었다. 특히 체험적 지혜를 깨닫게 해준 사하라 사막 마라톤은 나에게 진짜 공부는 몸으로 하는 것임을 확인시켜 주었다. 한계는 한계에 도전해봐야 몸으로 알 수 있다는 깨달음, 절대로 포기하지 마라는 말을 절대로 쓰지 마라는 소중한 명언은 한계에 도전할 때 몸으로 한계를 깨달을 수 있음을 알려주는 값진 깨달음의 결과다. 이런 점에서 공부는 책상에 앉아서 머리로 이해하는 정신노동이 아니다. 오히려 공부는 좌충우돌하며 몸으로 느끼는 체험적 깨달음의 과정이다. 공부는 견디기 어려운 역경을 색다른 경력으로 만드는 고난 극복 과정이다. 몸으로 깨달은 지혜는 직접 가르칠 수 없다. 오로지 당사자의 몸이 따르는 고통 체험을 통해서만 체득될 수 있다.

공부는 낯선 마주침이다

사람은 정상적인 상황에서는 생각하지 않는다. 낯선 상황과 우연히 마주치거나 정상적이지 않은 상황이 내 눈앞에 펼쳐질 때 비로소 생각하기 시작한다. 아침에 출근했는데 사무실에 뱀이 기어 다니는 비정상적인 상황이 발생한다면 어떻게 될까. 아마 평상시와 같은 방법으로 책상에 앉아서 근무를 시작하는 사람은 없을 것이다. 사무실에서 마주친 뱀

승부는 공부가 결정한다

은 낯선 자극임에 틀림없다. 프랑스 철학자 질 들뢰즈는 이 것을 리좀이라고 했다. 나무뿌리가 옆으로 뻗어나가다 다른 나무뿌리와 우발적으로 마주치면서 낯선 접목이 일어나는 현상을 리좀이라고 한다. 낯선 사람과의 마주침, 낯선 환경과의 마주침, 낯선 책과의 마주침이 나를 바꾼다. "네가 만나는 사람, 네가 자주 가는 곳, 네가 읽는 책들이 너를 말해준다." 독일의 문호, 괴테의 말이다. 결국 내가 하는 공부란 이전과 다른 사람을 만나 인간적인 자극을 받고, 늘 가보던 곳과 다른 곳에 가서 체험적 자극을 받으며, 낯선 책과 만나 지적 자극을 받는 과정이다. 낯선 마주침에서 깨우침을 얻는 과정 속에서 각성과 통찰이 일어난다. 색다른 환경과 마주칠 때 새로운 깨우침이 일어나고 뉘우침을 얻으며 가르침을 줄 수 있다.

공부는 가슴으로 느끼는 공감이다

책상에 앉아서 머리로 이해할 수 있지만 체험하지 않고는 가슴으로 느낄 수 없다. 공감이 되지 않는 이유는 내가 직접 체험해보지 않았기 때문이다. 머리가 좋아서 공부는 잘하는 사람이 리더가 되었을 때, 밑바닥 인생을 살면서 고생하는 사람의 삶이 이해가 되지 않는 이유는 그 사람처럼 세상을 살아본 체험이 없기 때문이다. 차가운 이성을 공부를 통해서 연마했지만 따뜻한 가슴이 없어서 탄생한 인재가 바로 '재수 없는 천재'다. 공감은 머리로 이해해서 생기는 능력이 아니라 타자의 입장이 되어 직접 체험하는 과정에서 체득되는 미덕이다. 뭔가 잘못했을 때 두 손을 머리에 대고 반성하지 않고 가슴에 대고 반성한다. 진정한 생각은 머리가 아니라 가슴으로 하는 것이다. 머리로 생각하는 방법은 학교에서 많이 배웠지만 가슴으로 생각하는 방법은 제대로 배워본 적이 없다. 타자의 아픔을 나의 아픔처럼 가슴으로 생각할 때 계산이 시작되지 않고 어떻게 하면 그 아픔을 치유할 수 있을지를 고민하기 시작한다. 진정한 공부도 타자의 아픔에 발 벗고 나서는 측은지심을 배워 공감하는 방법을 몸으로 익히는 과정이다. 공부는 역지사지를 넘어 나와 상대가 하나가 되는 공감이다. 공부를 통해 아름다운 관계를 만들어나가야 되는 이유다.

공부는 생각 너머를 생각하는 상상이다

공부는 타자의 아픔에 공감한 후 그것을 어떻게 치유할 것인지를 밤잠을 설쳐가며 다양한 상상을 연결시켜 나가는 이연연상(二連聯想)의 과정이다. 상상력은 타자의 아픔을 사랑하는 가운데 발아된다. 상상은 연상이다. 연상할 게 없으면 상상력도 늘지 않는다. "그 사람의 사상은 그 사람이 사용하는 단어와 연상하는 세계를 보면 알 수 있다." 신영복 교수의 이야기다. 예를 들면 아파트라는 단어를 떠올리면 아파트 평수를 떠올리는 사람이 있는가 하면, 강남이나 강북 중에 어디에 위치하고 있는지를 상상하는 사람이 있다. 실제로 아파트 건설현장에서 뜨거운 햇살을 등지로 힘든 노동을 해본 사람이면 아파트 건설현장에서 일하는 구릿빛 얼굴의 노동자가 떠오른다. 아파트라는 단어로 무엇을 연상하는지가 그 사람의 아파트에 대한 사상의 깊이와 넓이를 알 수 있는 증표다. 아픔을 치유하기 위해 온몸을 던져 생각을 이어가는 상상력이야말로 세상을 바꾸는 창조의 원동력이다.

공부는 나를 발견하는 실존적 축제다

공부를 하는 이유는 나만의 색다름을 찾아 나다움을 드러내는 아름다운 삶을 살기 위해서다. 색달라지면 저절로 남달라지지만 남달라지면 색다름은 없어진다. 공부는 색다름으로 나다움에 이르는 자기 발견이다. 하지만 우리는 언제부터인지 남달라지려고 노력하다 나만의 색깔을 잊어버렸다. 내가 누구인지를 증명해주는 색다름보다 남과 비교되는 나의 남다름을 드러내기 위해 평생을 남과 경쟁하고 비교하는 데 시간을 보내기 시작했다. 나만의 색다름을 찾은 사람이 가장 나답게 살아가는 사람이며, 그 사람이 바로 가장 아름다운 사람이다. 색다름이 곧 나다움이며, 나다움이 곧 아름다움이다. 아름다운 사람은 그래서 다른 사람의 아름다움을 추종하거나 모방하지 않고 가장 자기다운 멋과 스타일을 창조하려고 노력한다. 고전을 남긴 음악가, 화가, 작가는 모두 누구도 쉽게 모방할 수 없는 자기만의 스타일을 창조한 사람이다. 4차 산업혁명이 요구하는 공부의 마지막 의미는 나만의 색다름을 찾아 나답게 살기 위한 자기탐구의 과정이다.

공부는 '덕분'에 '본분'을 잃지 않고 깨어있는 삶을 살아가기 위한 각성제다. 진정한 공부는 생각의 '고치' 안에 안주하고

> "
> 공부는 자신이 누구인지를 찾아가는
> 실존적 축제다
> "

있는 고정관념을 망치로 깨부수는 고통스러운 과정이다. 그래서 공부는 망치다. '망치'는 망치는 도구가 아니라 생각의 '가치'를 배가시키는 창조의 도구다. 처절한 자기와의 싸움으로 만들어진 '얼룩'이 아름다운 작품의 '무늬'로 탄생한다. 얼룩진 삶에서 묻어나는 삶의 향기가 사람들에게 오래 기억된다. 부단한 자기 변신을 통해 어제와 다른 나를 만나는 혁명, 깨어있는 삶을 살기 위해 우리 모두가 평생 멈추지 말아야 할 공부하는 삶으로 여러분을 초대한다.

인공지능과 인간지성
: 인공지능은 가능하지만 인공지혜는 불가능하다

당신은 지능으로 지식을 창조합니까,
지성으로 지혜를 개발합니까?

    4차 산업혁명은 기계나 기술이 주도하는 혁명이 아니라 기계나 기술을 만드는 사람이 주도하는 혁명이다. 사람혁명 없이 4차 산업혁명도 없다. 사람혁명 없이 달려가는 4차 산업혁명의 흐름에는 암울한 그림자가 기다릴 뿐이다. 4차 산업혁명을 주도하는 사람혁명이 일어나기 위해서는 기계가 대체할 수 없는 인간 고유의 능력이 무엇인지를 밝혀내야 한다. 인공지능을 장착한 로봇이나 기계가 머신러닝(machine learning)을 한다고 해도 동물성이나 식물성, 사물성이나 기술성으로 대체할 수 없는 인간의 고유한 특이점(singularity)이 무엇인지를 찾아보고 이를 개발하는 데 주력할 필요가 있다. 4차 산업혁명이 밀려오면서 인간의 지능과 지식은 인공지능이 대체하고 있다. 지능으로 지식을 축적하는 시기가 저물고 지성으로 지혜를 깨닫게 만드는 교육혁명이 필요한 시점이다. 이런 때일수록 지능으로 축적하는 성적보다 지혜를 쌓아가는 적성을 강조하고, 정답을 찾아내는 모범생보다 문제를 일으키는 모험생이 필요한 시기다. 성적을 뒤집어 적성을 찾고, 역경을 뒤집어 경력으로 재창조하기 위해 지식으로 지시하는 전통적 교육에서 지성으로 지휘하는 혁신적인 학습으로 과감한 교육 패러다임 전환이 필요하다. 모범생은 주어진 길 위에서 시키는 일은 잘 따라하지만 한 번도 가보지 않은 길을 스스로 개척해서 나가지는 않는다. 반면에 모험생은 주어진 규칙을 따르기보다 새로운 규칙을 창조하고 스스로가 길이 되어 누구도 걸어가지 않은 위험한 길을 개척해나간다.

모범생이 지니고 있는 데이터 수집력이나 정보 가공력, 그리고 지식 창조력은 이미 인공지능이 딥러닝을 기반으로 인간의 능력을 능가하기 시작했다. 빅데이터가 중요해지고 있지만 정작 중요한 능력은 빅데이터에서 중요한 의미를 도출하고 이해해서 새로운 가능성을 해석해내는 힘이다. 나아가 정보를 분석해서 새로운 문제 상황에 대입하고 이제까지 없었던 새로운 지식을 창조하는 능력이 중요하다. 아무리 자료와 정보를 많이 수집하고 있어도 그것을 실제 문제 상황에 적용해서 주어진 문제를 남다르게 파악하고 해석하는 능력이 없다면 인간은 기계에 당할 수밖에 없다. 그 누구도 해결할 수 없는 독창적인 방식으로 문제 상황을 해석해내는 통찰력이 없다면 인공지능은 인간지능을 능가해서 인간을 지배할지도 모른다. 기술 발전이 가속화될수록 인간은 점차 복잡하고 힘들고 어려운 일은 기계에 맡긴다. 기술이 일의 효율을 증가시키주는 혜택을 주지만 반대급부로 인간은 복잡하고 힘들고 어려운 일은 점차 하지 않음으로 인해 뇌기능은 점차 퇴화될 가능성도 있음을 주목할 필요가 있다. 예를 들면 길을 찾아갈 때 사람의 머리를 쓰지 않고 내비게이션이 다 찾아준다. 내비게이션이 길을 찾아가는 동안 인간은 머리를 쓰지 않는다.

인간이 길을 찾아가는 능력은 네비게이션을 능가할 수 없다. 불편한 일을 기계에 맡길수록 인간의 뇌력을 점차 퇴화될 것이다. 농담으로 인간의 머리는 앞으로 용도가 세 가지 정도 남을 것이라고 한다. 베개 벨 때, 모자 쓸 때, 그리고 머릿수 셀 때를 제외하면 인간의 머리는 극단적으로 불필요해지는 세상이 바로 4차 산업혁명 시대라는 것이다. 인간지능은 이제 인공지능도 할 수 있는 일을 반복하면 지력면에서 점차 격차가 더 벌어질 것이다. 인공지능도 절대로 따라할 수 없는 인간의 고유한 능력이 무엇인지를 찾아내서 집중 육성하는 교육적 대안을 시급하게 모색해야 되는 이유다. 로봇이나 인공지능도 쉽게 따라잡을 수 없는 인간 고유한 능력을 네 가지로 정리할 수 있다. 첫째. 호기심을 기반으로 질문하는 능력이다. 기계도 질문할 수 있지만 호기심을 기반으로 질문하는 동물은 인간밖에 없다. 둘째, 타자의 아픔을 가슴으로 생각하는 공감능력이다. 머리로 생각하는 능력은 인공지능이 인간지능을 추월하기 시작했다. 타인의 아픔을 가슴으로 생각하는 측은지심의 미덕은 인간의 고유한 덕목 중의 하나다. 셋째, 공감능력으로 포착된 아픔을 치유하기 위한 아이디어를 내기 위해 이연연상(二連聯想)을 통해 발휘하는 상상력이다. 단순한 연상이 아니라 타인의 아픔을 사랑하는 마음을 기반으로 발휘되는 상상력은 인간만이 지니는 고유한 연상능력이다. 마지막으로 상상력이 낳은 아이디어를 불굴의 의지를 갖고 현실로 구현시키는 실천적 지혜다. 실천적 지혜는 딜레마 상황에서 어떻게 행동하는 것이 올바른 행동인지를 윤리적으로 숙고하고 도덕적으로 판단한 다음 올바른 방법으로, 올바른 실천으로 옮기는 능력이다. 이런 능력과 덕목을 개발하기 위해 우리는 과연 어떤 노력을 기울여야 될까. 그

비밀의 열쇠를 찾아보는 여행으로 떠나본다.

  기계가 대체하기 어려운 인간의 고유한 첫 번째 능력은 바로 호기심을 기반으로 질문하는 능력이다. 기계는 정해진 알고리듬 안에서 가능한 질문을 하지만 인간은 무한한 호기심을 품고 생각지도 못한 질문을 한다. 호기심은 세상을 그냥 보는(see) 가운데 발현되지 않는다. 호기심은 들여다(look at) 볼 때 비로소 싹트는 순진무구한 궁금함이다. 엄밀히 말하면 '보는' 능력은 내가 보고 싶어서 보는 게 아니라 보고 싶지 않아도 보이는 것이다. 반면 들여다보는 능력은 눈만 동원하지 않고 머리와 가슴, 그리고 귀와 코를 비롯하여 오감을 동원해서 관심을 갖고 관찰하는 능력이다. 같은 것을 보고도 아이들은 집요한 호기심을 갖지만 어른들은 그냥 본다. 예를 들면 딱따구리라는 새가 나무를 찍어서 집을 만드는 걸 본 어린 아이는 이런 호기심을 갖는다. "딱따구리가 저렇게 나를 찍어대는데 왜 두통이 안 걸리지?" 하지만 어른은 딱따구리가 집을 짓는 걸 보고 당연하다고 생각한다. 어른들은 그냥 눈으로 보고 당연한 현상으로 치부하지만 아이들은 오감각으로 호기심을 갖고 들여다보면서 딱따구리 입장이 되어 궁금해 한다. 호기심이 없어지면 질문이 없어지고 질문이 없어지면 그때부터 세상은 당연하고 원래 그렇고 물론 그런 현상으

인공지능은 가능하지만 인명지해는 불가능하다

로 바뀐다.

　질문은 무한한 가능성을 열어 놓고 전대미문의 색다른 대안을 모색할 수 있는 관문이다. 정답을 찾아내는 능력은 이제 인공지능에 비해서 경쟁력이 없어졌다. 인간은 질문하고 기계는 대답한다. 앞으로 인간의 존재 이유는 기계가 대답할 수 없는 질문을 던지는 것이다. 우리는 이제까지 정답을 찾아내는 모범생을 길러왔다. 앞으로 우리 교육은 기계가 대답할 수 없는 문제를 내는 능력을 육성해야 한다. 문제를 잘 내는 인재는 문제아라고 한다. 모범생 육성 패러다임에서 문제아는 문제를 일으키는 불량학생이었다. 인공지능이 세상을 바꾸는 4차 산업혁명 시대에 문제아는 모험생이다. 4차 산업혁명은 문제를 일으키는 사람, 그 누구도 쉽게 대답할 수 없는 질문을 던지는 사람이 세상을 이끌어가는 리더가 되는 시대다. 리더는 지시하고 명령하는 사람이 아니라 질문을 던지는 사람이다. 지시하고 명령하면 머리가 굳지만 질문을 던지면 그 순간부터 머리가 꿈틀거리면서 이전과 다른 방식으로 머리를 쓰기 시작한다. 질문이 바뀌면 관문이 바뀌고 세상을 바라보는 관점도 바뀐다. 틀에 갇혀 있던 생각이 틀 밖으로 나와 뜻밖의 답을 찾아내도록 유도하는 방법은 생각지도 못한 질문을 던지는 것이다. 질문은 익숙한 집단의 소속감에서 벗어나 낯선 세계로 진입하려는 용기 있는 결단이다. 질문을 던져야 일상에서 탈출해서 비상하는 날개를 달 수 있다.

  기계가 쉽게 대체할 수 없는 두 번째 인간 고유의 능력은 감수성을 기반으로 타인의 아픔에 공감하는 능력이다. 감수성은 타인의 아픔을 나의 아픔처럼 가슴으로 생각하는 측은지심이다. 감수성으로 포착되는 측은지심이 있어야 타인의 입장에서 보고 들으며 생각하고 느낄 수 있는 공감능력이 생긴다. 내가 타자의 입장이 되어서 직접 해보지 않으면 공감능력은 생기지 않는다. 책상에 앉아서 머리로 이해할 수 있지만 체험하지 않고는 가슴으로 이해할 수 없다. 산부인과 의사가 열십(十)자 모양의 상징을 보고 교통경찰처럼 사거리로 이해할 수 있는 가능성은 거의 제로에 가깝다. 그 역도 마찬가지다. 산부인과 의사가 교통경찰처럼 열십(十)자 모양의 상징을 보고 사거리로 이해하기 위해서는 산부인과의사를 잠시 그만두고 교통경찰처럼 사거리에 나가서 직접 교통안내나 지도를 해봐야 한다. 내가 타자의 입장이 되어보지 않고서 머리로 공감하기에는 불가능하다. 몸으로 겪어보지 않은 사람이 그것을 겪어본 사람에게 뭔가를 공감하기는 불가능에 가깝다. 배려를 받아보지 못한 사람이 타인을 배려하기는 불가능에 가깝다.

공감능력은 머리로 생각하는 능력이 아니라 가슴으로 생각하는 능력이다. 머리는 계산을 하고 이해타산을 따지지만 가슴은 감각적으로 다가오는 느낌으로 판단한다. 시어머니가 아프면 머리가 아프고 친정 엄마가 아프면 가슴이 아프다. 그 이유는 시어머니는 남편 때문에 어머니 관계가 성립된 법적 어머니다. 법적 관계가 없어지면 시어머니와의 관계도 끊어진다. 하지만 친정 엄마는 나를 낳아준 혈연관계의 어머니다. 혈연은 인연으로 끊을 수 없는 숙명이다. 나하고 관계가 없는 일이라고 생각할 때는 머리가 아프지만 나하고 관계가 가깝다고 생각하면 가슴이 아프다. 머리로 계산하는 능력은 인공지능이 인간지능을 이미 능가했다. 그것도 엄청 빠른 속도로 상상을 초월하는 기억력과 계산능력을 지니고 있다. 이제 머리로 생각하는 능력보다 가슴으로 생각하는 능력으로 감수성을 개발할 때 세상의 아픔을 치유하는 혁신과 혁명이 일어난다. 감수성은 타인의 불편함, 불만족스러움, 불안감을 가슴으로 생각하는 측은지심이다. 세상의 모든 혁신적 제품이나 서비스는 타인이 느끼는 불편, 불만, 불안을 가슴으로 생각하며 사랑하는 사람이 그걸 어떻게 해결할 것인지 상상하면서 탄생한 작품이다. 예를 들면 알람시계를 무의식 중에 끄고 뒤늦게 출근하면서 겪는 한 사람의 아픔을 가슴으로 감지한 사람이 알람시계와 관련된 불편, 불만, 불안을 어떻게 해결할 것인지 상상력을 발휘하여 색다른 알람시계를 개발했다. 시계를 무의식 중에 끌 수 없도록 알람 시간이 되면 시계 상단의 퍼즐이 풀린다. 풀린 퍼즐을 정신 바짝 차리고 맞추지 않으면 시계는 절대로 꺼지지 않는다. 비몽사몽 간에는 절대로 퍼즐을 절대로 맞출 수 없다. 바로 일어나야 한다.

　기계가 대체하기 어려운 세 번째 인간의 고유한 능력은 이연연상(二連聯想)의 상상력으로 세상을 변화시키는 창의력이다. 감수성으로 포착된 타인의 아픔을 어떻게 하면 치유할 수 있을 것인지 다양한 아이디어를 내는 과정이 바로 이연연상으로 새로운 가능성을 모색하는 상상력이다. 상상력은 밑도 끝도 없는 뜬 구름 잡는 이야기를 하는 것이 아니라 타인의 아픔을 가슴으로 포착한 다음 그 아픔을 치유하기 위해 밤잠을 안자고 아이디어를 내는 적극적인 추진력이다. 상상력은 단순히 머리로 생각하는 사고력이 아니라 감수성으로 포착된 타인의 불편, 불만, 불안을 해소할 수 있는 아이디어를 내면서 그것의 실행 가능 여부까지도 구상하는 능력이다. 상상력은 체험적 상상력이다. 막걸리라는 단어를 말했을 때 떠오르는 단어는 비 오는 날, 파전, 등산, 두부김치 등이다. 대부분의 사람은 비 오는 날 등산을 다녀와서 막걸리 안주로 파전이나 두부김치를 먹은 체험을 넘어서기 어렵다. 그래서 막걸리 하면 연상되는 세계의 깊이와 넓이도 미천하고 좁다. 막걸리에 대한 상상력은 막걸리 관련 체험의 깊이와 넓이를 넘어설 수 없다. 막걸리에 대한 새로운 상상력을 발휘하기 위해서는 이전과 다른 방법으로 막걸리를 마셔봐야 한다. 예를 들면 막걸리와 먹는 안주를 바꿔본다든지, 막걸리를 낮이나 밤에만 마시지 말고 새벽에 마셔 취해본 경험을 만든다든지 이전과 색다른 방법으로 막걸리를 경험하지 않으면 막걸리와 관련된 연상세계는 변하지 않는다.

   상상력(想像力)은 말 그대로 구체적인 이미지(像)를 생각하는(想) 능력(力)이다. 상상력은 기존 틀에 박힌 생각의 한계를 뛰어넘어 자유롭게 발상하면서 새로운 가능성을 탐색하는 능력이다. 상상력이 날개를 달기 위해서는 생각하는 와중에 안 된다고 생각의 물꼬를 막아버리는 타성이나 고정관념을 파괴하고 생각 너머의 생각을 해보려는 발상이 필요하다. 상상력이 풍부하다는 말은 기존 생각의 한계를 뛰어넘어 무한한 가능성을 자유롭게 생각하면서 다양한 방식으로 이미지를 그리고 사유하는 연상능력이 풍부하다는 말이다. 상상력은 구체적인 타자의 아픔을 기반으로 발휘될 때 공상이나 환상, 망상이나 몽상에 그치지 않고 구체적인 창의적 아이디어로 연결된다. 상상력으로 발현되는 구상이 현실로 구현되는 과정에서 창의력이라는 다리를 건너야 한다. 창의력은 없었던 생각을 새롭게 제기하는 발상(發想)이 아니라 익숙한 기존의 것을 낯선 방식으로 연결시키는 연상(聯想)이다. 창의적 아이디어는 자신이 직간접적으로 체험하면서 보고 느낀 점을 근간으로 주어진 문제를 해결하기 위해 다양한 방식으로 조합해보는 가운데 떠오르는 연상의 결과다. 창의는 말 그대로 타자의 아픔을 치유하기 위해 이미 있는 것을 이전과 다른 방법으로 연결해서 지금 직면하고 있는 문제나 위기상황을 탈출하려는 강력한 의지다. 상상만으로는 구체적인 의미나 가치를 지니지 못한다. 상상한 것의 결과를 구체화시켜 그것이

> "
> 지식으로 지시하지 말고
> 지혜로 지휘하라
> "

지니는 의미와 가치를 따져보며 그것의 현실화를 도모하고자 노력해야 한다. 상상으로 부각된 아이디어를 반드시 실현시키겠다는 불굴의 의지와 돌파력이 추가될 때 상상은 머릿속으로만 맴돌지 않고 이제 몸을 움직여 실현시켜보려는 시도를 시작한다. 바로 실천적 지혜가 발현된 순간이다.

마지막으로 기계가 대체하기 어려운 인간의 고유한 능력은 시행착오를 겪으며 문제해결을 통해 깨닫는 체험적 통찰력이자 실천적 지혜(Practical Wisdom)다. 일찍이 아리스토텔레스는 《니코마코스 윤리학》[45]이라는 책에서 전문가가 갖추어야 될 최고의 덕목으로 프로네시스(phronesis), 즉 실천적 지혜(practical wisdom)를 꼽았다. 실천적 지혜는 단순한 사실관계나 법률과 규칙이나 원칙, 직무기술을 아는 것만으로는 부족하다. 서로 갈등하는 몇 가지 선의의 목표를 조율하거나 어느 하나를 골라야 하는 실천적이고 도덕적인 기술이 필요하다. 상황적 특수성을 고려하지 않고 절차와 규율만 고수하는 전문가가 많을수록 어처구니없는 일들이 벌어지는 경우가 많아진다. 배리 슈워츠와 케니스 샤프의 《어떻게 일에서 만족을 얻는가:영혼 있는 직장인의 일 철학 연습》[46]에는 다음과 같은 사례가 나온다. 레모네이드를 사달라고 조르는 아들에게 아버지는 가게에 하나 밖에 없는 마이크스 하드 레모네이드(Mike's Hard Lemonade)를 무의식적으로 사주었다. 전혀 들어본 적이 없는 이 레모네이드가 알코올 도수 5도인 제품인 줄도 모르고 레모네이드라는 글씨만 믿고 아들에게 사준 것이다. 때마침 경비원이 레모네이드를 홀짝이던 아들을 발견하고 경찰에 신고했다. 경찰은 구급차를 불러 급히 아들을 데리고 병원으로 갔지만 아들에게 아무런 알코올 흔적을 발견하지 못한 의사들은 아들을 퇴원시키려고 했다. 하지만 경찰은 아들을 아동 보호소의 위탁 가정에 맡겼다. 경찰은 원하지 않았지만 절차에 따라야 했다. 3일 동안 보호소에 머문 아들은 엄마가 있는 집으로 가도 좋다는 판결을 내렸지만 아버지는 집을 떠나 2주 동안 호텔에 투숙해야 된다는 조건을 내세웠다. 판사도 이러고 싶지 않았지만 주정부의 법률적 절차에 따라야 했다. 2주가 지나서야 가족은 다시 만났다.

알코올이 든 음료수인 줄 모르고 아들에게 건넨 아버지는 아들에게 이런 음료수를 정기적으로 주거나 아이가 알코올을 남용해도 눈감는 아버지와 동일한 처벌을 받았다. 상황에 따른 도덕적 판단과 실천적 지혜를 발휘하지 않고 그냥 관례대로 규율과 절차에 따라 법집행을 감행한 판사의 고지식함이 가져온 어처구니없는 사례다. 원칙은 소중하지만 판단이 실종된 원칙은 끔찍한 일을 저지른다. 규율이 맥락에 대한 이해 없이 적용되어서는 안 된다. 원칙은 또 다른 원칙과 갈등하지만 조율되어야 한다. 엄격한 규율과 교조적인 원칙이 상황 판단과 조율에 필요한 실천적 지혜를 주변으로 몰아낸다면, 훌륭한 판단은 기대하기 어렵다. 배리 슈워츠와 케니스 샤프에 따르면 실천적 지혜를 발휘하려면 공감과 거리감이 동시에 필요하다고 한다. 다른 사람들이 겪고 있는 아픔을 제대로 이해하지 못하면 올바른 판단을 할 수 없고, 다른 이의 관점에 너무 깊이 빠져들어도 주어진 상황을 냉철하게 바라볼 수 없다. 공감하는 의사는 미묘한 감정적 실마리를 알아채는 통찰력과 상상력이 있으며, 말로 표현하지 않는 내용을 듣기 위해 몸짓 언어와 얼굴 표정을 읽어내는 예민함이 있다. 현명한 의사는 공감을 통제하고 일정한 거리감을 유지하는 지혜도 필요하다. 실천적 지혜를 지니고 있는 사람은 상황에 관계없이 무조건 규칙을 따르기보다 예외적으로 규칙을 적용해야 될 상황이 어떤 상황인지를 오랜 경험을 통해서 알고 있다. 한 분야의 베테랑은 문제가 발생할 때마다 매뉴얼이나 이전의 사례, 그리고 규칙이나 규율에서 벗어나 임기응변력을 발휘해서 순식간에 위기 상황을 탈출한다.

4차 산업혁명이 주도하는 기술혁명 시대에 기술적 실수로 발생하는 생각지도 못한 문제를 해결할 수 있는 주체는 오로지 인간밖에 없다. 예외적인 상황에서 순간적인 판단과 즉흥적인 결단으로 과감하게 실행하면서 축적하는 실천적 지혜는 기계가 대체하기 어려운 인간의 고유한 능력이 아닐 수 없다. 한 가지 안타까운 현실은 2016년 통계청에서 발표한 '한국인의 생활시간 변화'에 나타난 우리들의 독서실태다. 우리나라 10세 이상 국민의 독서 시간은 하루에 6분이라고 한다. 4차 산업혁명이 기술혁명을 주도하는 사람혁명이라면 하루에 6분 정도 시간을 투자하는 독서로 사람혁명이 가능할까. 세 사람 중에 한 명은 1년에 책 한 권도 읽지 않는 사람들이다. 그 생활습관으로 사고의 혁명을 기대할 수는 없다. 사람혁명은 사고혁명이고, 사고혁명은 독서혁명에서 비롯된다는 현실인식에서 4차 산업혁명으로 가는 웅비의 날개를 펼치는 것은 어떨까.

이미지와 미지
: 이미지는 미지의 세계로 인도하는 청사진이다

당신은 이미 아는 기지(旣知)에 머무릅니까,
이미지로 미지(未知)의 세계를 추구합니까?

원본과 복제본, 어느 것이 진짜 창조의 근본인가

이미지가 현실을 재현하는 수단을 넘어서서 현실과 이미지 사이에 어떤 것이 진짜 실재(reality)를 반영 또는 복제하고 있는 것인지를 구분하기 어려워지고 있다. 이미지의 복제가 거듭될수록 원본과 복제본은 구분이 불가능해지고, 복제본은 원본과 유사성을 띠어야만 된다는 암묵적 가정이 무너지고 있다. 마찬가지 맥락에서 내가 창조했다고 생각하는 지식은 이미 누군가 창조한 지식을 참고해서 탄생한 편집된 지식이다. 내가 편집한 지식을 누군가는 자신의 목적과 의도대로 다른 목적을 달성하기 위해 다른 방법으로 편집해 새로운 지식을 창조한다. 이런 과정이 반복되다 보면 내가 창조한 지식의 독창성도 사실은 누군가의 독창성을 기반으로 새롭게 복제된 독창성이다. 이처럼 원본과 복제본을 구분하기 어려운 세계에 시뮬라크르라는 개념이 살고 있다. 본래 시뮬라크르라는 개념은 프랑스어로 시늉, 흉내, 모의(模擬) 등의 뜻을 갖고 있으며, 가상, 거짓 그림 등의 뜻을 가진 라틴어 시뮬라크룸(simulacrum)에서 유래한 말이다.

이 라틴어 단어는 영어 안에도 그대로 흡수되어서 모조품, 가짜 물건을 가리키는 말로 쓰인다. 요컨대 시뮬라크르는 원본의 성격을 부여받지 못한 복제물을 뜻하는 개념이다. 시뮬라크르를 정의할 때, 최초의 한 모델에서 시작된 복제가 자꾸 거듭되어 나중에는 최초의 모델과 구분할 수 없을 정도로 뒤바뀐 복사물을 의미하게 된 것도 이러한 이유 때문이다. 사실 내 생각도 누군가의 생각을 복제하는 가운데 탄생한 시뮬라크르이며, 그런 생각으로 편집된 지식도 그 기원을 따지다 보면 누가 오리지널인지를 구분하기 어려워진다. 시뮬라크르는 영원히 원본과 동일성을 유지할 수 없다는 이유로 플라톤에 의해 천대받았던 개념이었다. 하지만 프랑스의 철학자, 들뢰즈에 의해 그 개념이 새롭게 조명되고 있다. 들뢰즈의 시뮬라크르는 모델과 같아지려는 것이 아니라, 모델을 뛰어넘어 새로운 자신의 공간을 창조해 가는 역동성과 자기정체성을 가지고 있기 때문이다. 따라서 단순한 흉내나 가짜(복제물)와는 확연히 구분되는 또 하나의 독창성을 띠고 있는 창조물이다.

원본을 능가하는 새로운 이미지의 편집, 데페이즈망

시뮬라크르에 비추어 보면 이미지의 복제는 원본 이미지를 얼마나 동일하게 닮아가는지의 여부가 중요한 것이 아니라 원본 이미지의 본질과 속성을 뛰어넘은 또 다른 제3의 이미지로 변신하는지의 여부가 중요하다. 이런 이미지의 편집을 통해 데페이즈망(depaysement)이라는 기법으로 새로운 미술의 세계를 개척한 사람이 바로 벨기에의 초현실주의 화가, 르네 마그리트(Rene Magritte)다. 본래 데페이즈망이란 개념은 '사람을 타향에 보내는 것' 또는 '다른 생활환경에 두는 것'을 의미한다. 즉 어떤 물체를 본래 있던 곳에서 떼어내어 엉뚱한 곳에 배치함으로써 사람들의 주의를 집중시키는 방법을 의미한다. 어떤 물건을 일상적인 환경에서 이질적인 환경으로 옮겨 그 물건으로부터 실용적인 성격을 배제하여 사물이나 이미지의 낯선 만남을 연출하는 기법이다. 데페이즈망 방법은 익숙한 이미지지만 낯선 방식으로 이미지를 중첩시킴으로써 보는 사람으로 하여금 감각적 충격 효과를 노리는 방법이다. 이는 사물이나 이미지를 그것의 본래 기능이나 의미로부터 이탈시켜 놓는 일종의 위치 전위법이다. 데페이즈망은 이질적 메시지는 물론 이미지, 오디오, 영상을 낯선 방식으로 조합하는 일종의 색다른 지식편집(Knowledge Mash up) 방식이다. 다시 말해서 데페이즈망은 전혀 어울릴 것 같지 않은 모순 또는 대립적 요소들을 하나의 화폭에서 낯선 방식으로 결합시키거나 어떤 오브제를 전혀 엉뚱한 위치에 배치시켜 시각적 충격과 신비감을 불러일으키는 기법이다. 또한 데페이즈망은 낯익은 물체를 낯선 장소에 놓음으로써 사람들의 기대를 망가뜨리는 방식으로 심리적 충격뿐 아니라 보는 사람의 잠재적 무의식의 세계를 해방시키는 역할을 한다. 한마디로 늘 익숙하게 접했던 것을 낯설게 조합하거나 이제까지와는 다른 방법으로 결합함으로써 당혹감과 충격, 놀라움과 신비감을 주는 초현실주의적 화법이다.

마그리트의 〈집단의 발견〉이라는 그림을 보자. 우리가 생각하는 인어공주는 상체가 사람의 모습이고 하체가 어류의 모습을 띠고 있다. 이 그림을 보면 인어공주가 연상되지만 상체는 물고기의 모습이고 하체는 사람의 형상으로 표시함으로써 우리가 흔히 생각하는 인어공주와는 정반대의 형상을 띠고 있다. 〈붉은 모델〉이라는 작품도 마찬가지다. 이 그림을 보고 우리는 무엇을 연상할까. 사람의 발일까 아니면 신발일까. 익숙한 사람의 발과 신발 이미지를 하나의 이미지로 중첩시킴으로써 이 그림을 보는 사람들로 하여금 낯선 상상력으로 들어가는 색다른 문을 열어놓고 있다. 발바닥과 신발이라는 익숙한 두 가지 이미지를 하나로 합성시킨 〈붉은 모델〉을 보면 벗은 두 발이 신발이기도 하고 발이기도 하다. 마그리트 이 그림을 통해서 의도하는 바는 '이것이기도 하고 저것이기도 한' 애매성 속에서 관객의 상상력에 자유로운 날개를 달아줌으로써 신발이나 발기 갖고 있는 상투성을 부정하는 데 있다. 마그리트의 데페이즈망 기법은 익숙한 이미지의 낯선 합성 및 전치를 통해 보이는 세계의 이면이나 그 너머의 이미지가 품고 있는 수수께끼를 낯선 생각으로 상상하게 한다. 이미지들의 배반을 통한 상상력의 반전을 꿈꾸는 방법이다. 흔히 볼 수 있는 이미지를 간직하면서 보여주되 이상한 조합과 중첩으로 애매모호한 이미지를 탄생시켜 평범한 사람들의 상상력에 불을 지르는 방법을 사용한다.

데페이즈망, 색다른 상상력을 잉태하는 이미지의 중첩

마그리트의 작품 중에 〈잘못된 거울〉이라는 그림이 있다. 클로즈업된 한쪽 눈과 각막 위로 구름이 떠 있는 하늘 이미지가 투시된 〈잘못된 거울〉은 우리가 바라보는 하늘이 과연 하늘의 진면목인지를 의심케 한다. 마그리트가 이 그림을 통해서 폭로하고 싶은 의도는 실재세계의 애매성이다. "내가 보고 있는 푸른 하늘은 실재 자체인가, 아니면 내 눈에 비춰진 하늘인가?" 실제 세계의 하늘은 나의 망막을 통과하면서 내가 갖고 있는 편견과 선입견으로 오염되거나 오해되어 투영된다. 하지만 우리는 그걸 진짜 하늘이라고 착각하며 살아가고 있다. 눈은 내가 경험한 대로 본다. 그뿐만 아니라 보고 싶은 방식대로 본다. 그래서 눈은 잘못된 거울이다. 본래의 이미지를 형상대로 보여주지 않고 눈에 투영되는 순간 내가 경험한 방식 중에서 내가 보고 싶은 방식 대로만 보일 뿐이다. "우리가 보는 모든 것은 무언가를 숨기고 있고, 우리는 늘 우리가 보는 것에 무엇이 숨어 있는지 궁금해한다(Everything we see hides another thing, we always want to see what is hidden by what we see)." 르네 마그리트가 한 말이다. 숨기고 있는 무엇인가

 붉은 모델

 잘못된 거울   이미지의 배반

를 겉으로 드러내서 보기 위해서는 이전과 다른 방식으로 세상을 바라봐야 한다. 하지만 우리는 어제 봤던 방식대로 오늘도 세상을 보거나 지금까지의 나의 경험과 인식의 틀로 바라보는 경우가 많다. 마그리트에게 눈은 언제나 〈잘못된 거울〉이다.

마그리트의 대표작 〈이미지의 배반〉은 그의 작품세계를 이해하는 단서나 열쇠를 제공해준다. 이 작품에는 누구나 쉽게 알 수 있는 파이프가 그려져 있다. 하지만 그 아래에는 'Ceci n'est pas une pipe(이것은 파이프가 아니다)'라고 쓰여 있다. 정상적인 사람의 눈으로 보면 그림 속의 파이프는 파이프가 맞다. 마그리트는 이 그림에서 관습적 사고방식에 의문을 제기하고 고정관념을 파기하기 위해 의도적으로 그림과 문장을 모순적으로 표현했다. 일반인들의 눈에는 분명 그림 속의 실체는 파이프가 맞다. 하지만 파이프가 아니라는 제목으로 인해 관객은 이전과 다른 생각을 하기 시작한다. 파이프가 아니면 무엇일까. 여기에는 그림 속의 실체를 의심해보면서 당연하고 원래 그런 세계에 의문의 물음표를 던져 다시 한 번 생각해보게 만들려는 마그리트의 의도가 숨겨져 있다. 마그리트는 대표작 〈이미지의 배반〉을 통해 상상력을 기반으로 일상의 사물, 익숙한 것과의 결별을 선언하는 언어, 믿어 왔던 상식이나 고정관념 등을 뒤흔들어 놓는다. 꿈과 무의식의 세계를 탐구함으로써 이성에 의해 속박되지 않는 상상력의 세계를 회복시키고 인간정신을 해방하는 것을 목표로 하고 있는 마그리트의 초현실주의적 상상력은 21세기적 하이브리드 문화로 새롭게 계승, 발전되고 있다. 흔히 접했던 것을 색다른 방법으로 결합함으로써 뜻밖의 충격과 효과를 줄 수 있는 방법은 무궁무진하다. 익숙한 것을 낯설게 함으로써 놀라움과 경이의 체험을 제공하는 데페이즈망은 초현실주의 화가가 사용하는 방법을 넘어서서 일상에서 창조적 융복합을 통해 새로운 지식을 창출할 수 있는 의미 있는 방법으로 얼마든지 전환될 수 있다.

공개사과, 일상에서 만들 수 있는 상상력 놀이

나는 한양대학교 교수라는 직함 이외에 지식생태학자나 지식산부인과의사라는 색다른 브랜드 네임도 갖고 있다. 실제로 트위터나 페이스북에 아직도 자기 소개란에 대학교수이자 작가이자 지식산부인과 의사라고 써 있다. 몇 년 전 실제로 트위터에서 지식산부인과의사라는 의사 타이틀을 보고 의사 자격증이 있냐고 물어보면서 시비를 걸던 의사가 있었다. 나는 산부인과의사가 아니라 지식임신 및 출산과정을 비유적으로 표현하고 다른 사람들로 하여금 색다른 상상력을 잉태하는 방법을 설명하기 위해 지식산부인과의사라는 퍼스널 브랜드 이름을 사용한다. 지식이라는 개념과 산부인과의사라는 개념은 누구나 다 아는 익숙한 개념이지만 지식산부인과의사는 누구나 처음 들어보는 낯선 개념이다. 익숙한 이미지의 중첩을 통해 색다른 상상력을 자극하는 데페이즈망 기법처럼 익숙한 단어도 낯선 방식으로 조합하면 얼마든지 색다른 상상력을 촉진시킬 수 있는 출발점이 될 수 있다. 지식산부인과의사지만 실제로 의사는 아니라는 사실을 상식이 있는 사람은 금방 알아차릴 수 있다. 하지만 트위터에서 시비를 걸던 그 의사는 실제 의사자격증이 없는 사람이 의사라는 말을 사용하면 사기죄로 고소당할 수도 있기 때문에 의사자격증이 없으면 적법한 절차를 밟고 의사자격증을 따라는 어처구니없는 시비를 걸었다. 마지막으로 그 의사가 나에게 한 말은 의사가 아닌데 대중을 상대로 의사라고 사기를 쳤기 때문에 '공개사과'를 하라는 것이었다. 그래서 어떻게 '공개사과'를 할까 하다가 마그리트의 데페이즈망 기법을 활용하여 공개사과를 했다.

  시간차를 두고 순서대로 맨 처음 공을 보여주고, 개를 보여준 다음 마지막으로 사과를 보여주면 대중은 웃지 않는다.

공, 개, 사과.

이미지는 미지의 세계로 인도하는 창사진이다

익숙한 이미지가 아무런 편집과정을 거치지 않고 순서대로 나왔으니까 낯선 이미지나 상상력을 자극하는 아무런 매개가 없기 때문이다. 하지만 익숙한 '공'과 '개'와 '사과'의 이미지를 낯선 방식으로 편집, '공개사과'라는 이미지를 만들어 '공개사과'라는 말을 대신하는 순간, '공개사과'는 더 이상 '공'과 '개'와 '사과'의 단순한 조합이 아니다. 익숙한 이미지의 낯선 중첩을 통해 색다른 상상력을 촉발시키는 데페이즈망 기법을 활용한 것이다. 본래 창조란 무(無)에서 유(有)를 만들어내는 활동이라기보다 기존의 유(有)와 유(有)를 남다른 방식으로 엮어 제3의 새로운 유(有)를 탄생시키는 과정이다. 이런 점에서 데페이즈망 기법은 익숙한 이미지를 이제까지 경험해보지

> **이미지(理美智)로 시작하는 상상력이
> 기존 지식을 능가한다**

못했던 낯선 방식으로 조합함으로써 새롭게 창작하는 방식이다. 어떤 사물을 원래 있던 환경에서 떼어내 엉뚱한 곳에 갖다놓는 '고립'을 통한 창조적 변종(變種) 또는 이종결합(異種結合)을 추구하거나 '사물의 잡종화' 방법을 통해 이제까지 접목되지 않았던 새로운 창조물을 탄생시키는 방법이 다름 아닌 데페이즈망 기법이다. 데페이즈망 기법은 평소에는 만날 수 없는 두 사물을 나란히 붙여놓는 '이상한 만남'이자 '낯선 충격'이지만 두 사물을 하나의 이미지로 응축하는 '이미지의 중첩'을 통해 익숙한 것을 낯설게 보여줌으로써 창조적 상상력의 새로운 가능성을 열어가는 촉진제가 아닐 수 없다.

곡선과 시선
: 곡선은 세상을 다르게 보는 시선이다

당신은 호기심을 지닌 곡선의 물음표입니까,
직선으로 달려가는 마침표입니까?

    삶은 물론 자연도 사회도 문명도 모두 곡선이었다. 어느 순간부터 돌아가고 에둘러 말하는 곡선의 심리와 사회가 직선으로 달려가면서 보다 많이 달성하고, 보다 빨리 도달하고, 보다 높이 올라가며 보다 멀리 달리는 데 열중하기 시작했다. 근대 올림픽 슬로건이었던 "보다 빠르게, 보다 높게, 보다 강하게"가 삶의 모토가 되면서 곡선적 삶은 직선적 삶으로 빠른 속도로 바뀌기 시작했다. 하지만 직선적 삶이 만들어온 풍성한 삶에 비해 실제로 삶은 풍요로워지지는 않았다. 풍성한 삶으로 행복해질 줄 알았지만 풍요로운 삶은 실종되고 사회 곳곳에서 불행한 삶의 역기능과 폐해가 빈번하게 드러나고 있다. 그럼에도 불구하고 여전히 우리는 더 높은 목표와 더 많은 성과를 달성하기 위해 저 높은 곳을 위하여 앞만 보고 달려간다. 목적지에 도착했지만 다른 목표를 달성하려고 다른 목적지를 향해 다시 달린다. 매순간 느끼는 삶의 충만감을 느낄 시간적 여유를 갖지 못하고 어제보다 더 빨리 더 많은 목표를 달성하기 위해 오늘도 달려간다. 정겨운 곡선의 한옥이 차가운 직선의 아파트로 바뀌고, 굽이굽이 돌아가는 산등성이 곡선의 길이 직선으로 달리는 터널로 바뀌면서 과연 우리 삶은 어디로 달려가는 것인지 잠시 생각해보는 시간을 가질 필요가 있다. 곡선이 직선으로 바뀌는 시대, 우리 모두가 고뇌해볼 만한 주제를 10가지로 정리해보았다. 일명 곡선으로 배우는 자기성장의 10가지 절대법칙이다.

속도와 밀도 또는 각도

속도가 빨라지면 밀도는 줄어든다. 삶의 밀도는 내가 매순간 느끼는 삶의 만족감이나 행복감이다. 매순간 나에게 다가오는 의미나 나에게 던져지는 가치의 의미를 깊이 생각하며 사유하고 여유롭게 지낼 시간을 갖지 못하고 속도에 휘둘리는 삶을 살아간다. 속도가 빨라지면 세상을 다르게 볼 수 있는 각도도 좁아진다. 각도가 좁아지면 세상을 다르게 바라볼 수 있는 가능성의 폭도 줄어든다. 결국 이전과 다른 세상을 다르게 바라보려면 속도를 늦춰야 한다. 행복하게 사는 방법은 속도를 늦추고 밀도를 높이고 각도를 넓히는 것이다. 당신은 삶의 속도를 중시하면서도 정작 중요한 삶의 밀도를 소홀히 하고 있지는 않는가, 아니면 삶의 속도보다 밀도와 각도를 중시하며 매순간 느끼는 행복을 중시하고 있는가?

물음표와 느낌표

곡선의 물음표가 직선의 느낌표를 낳는다. 곡선의 물음표는 일종의 방황이다. 방황하면서 던지는 곡선의 물음표가 자신도 모르게 직선으로 다가오는 느낌표를 만난다. 어제와 다른 직선의 느낌표를 만나려면 어제와 다른 곡선의 물음표를 던져야 한다. 곡선이 직선을 낳듯 물음표가 느낌표를 낳는다. 곡선의 물음표 없이 직선의 느낌표를 찾으려는 순간, 곡선의 방황 없이 직선의 방향을 찾으려는 순간 삶은 직선주로를 달리기 시작한다. 뜻밖의 감동적인 느낌표는 어제와 다른 호기심의 물음표가 낳은 자식이다. 당신은 어제와 비슷한 물음표를 던져놓고 색다른 답을 기대하는가, 아니면 어제와 다른 물음표를 가슴에 품고 감동의 느낌표를 찾아가는 여정을 즐기고 있는가?

폼과 품

직선은 폼 잡지만 곡선은 따뜻한 가슴으로 품는다. 폼 잡는 사람은 자기주장을 강요하지만 품는 사람은 다른 사람의 주장에 귀를 기울이고 감싸 안아 준다. 폼 잡는 사람은 다른 사람의 주장을 들을 시간이 없지만 품는 사람은 언제나 다른 사람의 주장에도 일리가 있음을 인정하고 존중해준다. 폼 잡는 사람은 가방처럼 자기중심적이지만 품는 사람은 보자기처럼 다른 사람의 의견을 존중해주면서 자신의 입장을 맞춰나간다. 폼 잡지 말고 품으면 인품이 달라지고 품격도 높아진다. 당신은 나를 내세우기 위해 폼 잡는 시간이 많은가, 아니면 타자의 아픔을 가슴으로 생각하면서 품고 포용하는 시간이 많은가?

지식과 지혜

지능으로 쌓은 지식은 인공지능이 순식간에 대체하지만 지성으로 축적한 지혜는 인공지능이 쉽게 대체할 수 없다. 지식은 책상에서 배울 수 있지만 지혜는 삶 속에서 다양한 체험을 통해 창조된다. 지식은 정보에 나의 깨달음이 축적되는 순간 직선으로 창조되지만 지혜는 지식이 우회적으로 축적되면서 곡선으로 생성된다. 지식은 정보를 기반으로 이루

목적지를 향해 뻗은 곡선 같이라

어지는 순간적인 깨달음의 산물이지만 지혜는 지식을 기반으로 오랜 시간을 통해 몸으로 체화되는 체험적 깨달음의 산물이다. 지식은 직선으로 지시하지만 지혜는 곡선으로 지휘한다. 직선적 지식은 비결을 알려주지만 곡선적 지혜는 비전을 품게 만들어준다. 비결은 속성으로 육성할 수 있지만 비전은 숙성된 사유의 산물이다. 당신은 지금 책상에서 관념적 지식을 배우는 데 많은 시간을 고민하고 있는가, 아니면 체험적 깨달음을 통해 실천적 지혜를 체득하는 데 많은 시간을 투자하고 있는가?

기법과 기본

기법은 손쉽게 얻지만 기본은 오래 걸린다. 기법은 일정기간 훈련을 통해 습득할 수 있지만 기본은 비교적 오랜 기간 동안 지루한 반복 연습을 통해서 몸에 각인되는 습관의 산물이다. 기법은 직선으로 달려가 내 것으로 만들 수 있지만 기본은 곡선의 시행착오와 우여곡절 끝에 말로 설명할 수 없는 노고 끝에 내 몸에 각인된다. 기법으로 무장하면 단기전에 승리할 수 있지만 장기전에서는 오래 버틸 수 없다. 기본을 지키고 근본을 파고들어야 본질에 도달하고 오랫동안 자신의 정체성을 드러낼 수 있다. 기본 없는 기법은 기교에 지나지 않는다. 당신은 지금 직선으로 달려가 보다 빠른 시간에 당장 써먹을 수 있는 기법을 개발하는 데 많은 시간을 투자하고 있는가, 아니면 시간이 좀 걸리지만 시행착오를 통해 터득하는 기본기 연마에 많은 시간을 투자하고 있는가?

직유와 은유

직유는 직격탄을 날리지만 은유는 신호탄을 암시한다. 직유는 의미가 직선으로 달려오지만 은유는 의미가 곡선으로 숨죽이며 다가온다. 직유는 의미를 직설적으로 설명하지만 은유는 의미를 우회적으로 이해할 수 있도록 유도한다. 직유는 알고 싶은 마음이 직선으로 달려가지만 은유는 알고 싶어도 곡선으로 우회하면서 어떤 의미를 내포하고 있는지를 반추해보는 시간을 갖는다. 직유는 다른 생각이 잉태할 시간적 여유를 주지 않지만 은유는 이전과 다른 방법으로 생각해볼 수 있는 다양한 사유로 유도한다. 이런 점에서 은유는 사유를 무한 확장시키며 전혀 다른 생각을 잉태하는 치유다. 당신은 직격탄으로 발사되는 직유법 중심 대화를 많이 하고 있는가, 아니면 사색과 사유를 불러오는 은유법 중심의 대화를 많이 하고 있는가?

명사와 동사

명사는 결과를 중시하지만 동사는 과정을 중시한다. 명사는 성공한 상태를 강조하지만 동사는 성공에 이르는 과정에서 무엇을 배우는지를 강조한다. 사회적 유명 인사, 즉 명사(名士)도 명사(名詞)가 아니라 동사(動詞)다. 실력도 명사가 아니라 동사다. 실력은 어떤 시점에서 그 사람이 현재 보유하고 있는 능력의 상태를 보여주는 게 아니라 경지에 이르기 위해 부단히 자기 실력을 연마하는 과정을 통해 업데이트된다. 모든 행복도 관념적 추상명사가 아니라 매일매일 실천하는 동사다. 어제와 다른 동사를 사용하여 역동적인 삶을 살아갈 때, 즉 어제와 다르게 행동하면 다른 행복이 다가온다. 당신은 어떻게 사는 것이 행복한 삶인지 아직도 관념적으로 생각만하고 있는가, 아니면 매일 어제와 다르게 행동하면서 행복한 삶을 온몸으로 모색하며 느끼고 있는가?

실패와 실력

색다른 실패가 색다른 실력을 낳는다. 색다른 실패는 색다른 도전에서 나온다. 색다른 실패는 색다른 도전의 다음 이름이고 색다른 도전만이 도약을 보장한다. 도전하지 않으면 실패할 기회가 없어지고 실패할 기회를 갖지 못하면 어제와 다른 실력을 쌓을 기회도 갖지 못한다. 실력은 우여곡절과 파란만장한 시행착오 끝에 축적된 체험적 깨달음의 산물이다. 한 사람이 보유하고 있는 실력은 그 사람이 살아온 삶을 반증해준다. 한 사람이 살아온 삶이 어떤 삶인지가 그 사람이 지니고 있는 실력의 수준과 정도를 결정한다. 직장인은 자신의 일을 사랑하지 않기 때에 어제와 다른 질문을 던지지 않고 틀에 박힌 방식으로 일한다. 반면에 장인은 자신의 일을 너무 사랑하기 때문에 이것을 조금 더 잘하는 방법을 궁리하면서 애를 쓰는 사람이다. 당신은 비슷한 일상을 반복하면서 한탄하는 직장인인가, 어제와 다른 일상에서 일탈하는 삶을 즐기며 어제 보나 나은 삶을 위해 애쓰는 장인인가?

전경과 배경

전경의 아름다움은 배경 덕분이다. 모든 풍경도 곤경이 낳은 자식이다. 장미꽃이 아름다운 이유는 배경에서 묵묵히 전경을 빛나게 해준 안개꽃 덕분이다. 전경은 금방 드러나지만 배경은 특별한 관심을 갖고 배려하지 않으면 보이지 않는다. 모든 커피가 저마다의 맛을 내면서 사람의 구미와 취향에 맞춰주는 원동력은 모든 커피의 배경으로 들어가는 에스프레소 커피 덕분이다. 배경의 듬직한 지원 없이 전경의 아름다운 빛남은 드러나지 않는다. 한 사람이 보유하고 있는 모든 전문성도 사회문화적이고 역사적인 합작품이다. 전문성으로 드러날 수 있도록 도와준 수많은 배경이 되어준 사람 덕분에 빛나는 것이다. 당신은 내가 성취한 전문성은 나의 독자적인 노력으로 성취한 노력의 대가라고 생각하는가, 아니면 직간접적으로 도와준 모든 사람들 덕분에 이룩한 사회적 합작품이라고 생각하는가?

END와 AND

END는 끝이 아니라 또 다른 시작(AND)이다. 끝이라고 생

> **직선은 날아가 쏘지만
> 곡선은 다가와 품어준다**

각하는 그 순간과 지점이 다시 시작하는 순간과 시점이다. 끄트머리라는 말이 있지 않은가. 끝에 머리가 있는 끄트머리는 우리에게 끝은 언제나 새로운 꿈을 갖고 출발하는 시작이라는 사실을 알려준다. 주말에서 주초가 시작되고, 월말과 연말에서 월초와 연초가 시작된다. 끝에서 맛보는 한 순간의 절망은 곧이어 시작하는 희망을 잉태하는 원동력이다. 수많은 끝(END)을 연결(AND)하면 꿈의 목적지에 언젠가는 이를 수 있지 않을까. 사실 영원한 완성은 없다. 언제나 삶은 미완성의 연속, 오늘의 끝에서 내일의 희망을 꿈꾸며 시작할 수 있다. 당신은 오늘의 끝에서 성취한 결과에 대해 일희일비하고 있는가, 아니면 오늘의 끝에서 내일의 시작을 구상하며 꿈꾸고 있는가?

明 명

성찰과 분별로 나다움을 드러내다

210 사치와 가치: 가치가 사치를 이긴다

219 어휘와 어이: 어휘가 없으면 어이도 없다

229 마스터리와 미스터리
: 마스터리(Mastery, 경지)에 이르는 길은 미스터리(Mystery, 신비)다

248 컨텐츠와 컨테이너: 컨테이너를 바꿔야 컨텐츠도 살아난다

257 상품과 작품: 상품은 소모품이지만 작품은 소장품이다

사치와 가치
: 가치가 사치를 이긴다

당신은 사치(奢侈)로 삶의 '얼룩'을 만듭니까,
가치(價値)로 삶의 '무늬'를 만듭니까?

자연의 모든 생명체는 태어나서 죽을 때까지 절대로 남과 비교하지 않는다. 저마다의 고유한 개성을 갖고 자기 나름의 살아가는 방식대로 살아간다. 토끼는 산에서 즐겁게 살고 오리는 물과 뭍을 왔다갔다하면서 수륙양육 작전을 펼치며 평생을 행복하게 산다. 참새는 나뭇가지와 나뭇가지를 오고가며 신나게 노래하며 산다. 자신이 잘할 수 있는 일에 중점을 두고 절대로 남과 비교하며 비참하게 살지 않는다. 다리가 짧은 오리는 다리가 긴 학과 비교하며 한탄하지 않고 땅속을 헤집고 다니는 두더지는 땅 위에서 빠른 속도로 움직이는 다람쥐를 보며 자신의 느림보 같은 인생을 한심하게 생각하지 않는다. 태어나서 죽을 때까지 남과 비교하는 유일한 동물이 있다. 그 동물 이름이 사람이다. 사람이 불행하게 살아가는 이유는 자기답게 살지 않고 남들처럼 살아가기 때문이다.

영화 〈색계(色戒)〉에 보면 '색(色)'으로 '계(戒)'가 무너지는 장면이 몇 차례 나온다. 여기서 '색'은 나만의 고유한 색깔이다. '계'는 색으로 무너지지 않기 위해서 경계(警戒)하는 마음이나 자세다. 세상의 진리는 나만의 색깔을 갖고 있는 사람이 경계하는 사람의 마음을 무너뜨린다는 사실이다. 색달라지면 저절로 남달라지는데 우리는 태어나서 죽을 때까지 남달라지려고 노력하다 나만의 색다름을 모르고 살아간다. 나만의 색깔을 찾은 사람은 누구도 흉내낼 수 없는 자기다움으로 아름다움을 추구하며 색다르게 살아간다. 아름다움은 색다름이며 색다름은 곧 자기다움에서 나온다. 아름다운 사람의 공통점은 어디서도 찾아볼 수 없는 색다름이 있고, 그 색다름의 원천은 자기다움이다. 색다르게 자기다움을 창조하며 아름답게 살아가는 사람의 비결은 무엇인가? 그들은 남들이 다 하는 '사치(奢侈)'로 자기 삶을 '얼룩'으로 만들어 사기치는 삶을 살지 않는다. 그들은 오히려 자기다움을 드러내는 '가치(價値)'로 물들이며 내 삶의 독특한 '무늬'를 창조하며 사유하는 삶을 살아간다. 얼룩진 삶을 사치로 꾸미기보다 무늬로 창조되는 삶을 나만의 고유한 가치로 꾸미는 사람으로 살아갈 때 자기다움이 드러나고 자기다움이 드러날 때 색다름은 저절로 따라오는 아름다움이다.

내 인생의 나침반, PITCH를 올리는 삶

밤하늘에 수많은 별들이 빛나고 있다. 어둔 밤이 있기에 별은 더욱 빛을 발한다. 그 별은 저마다의 이름을 갖고 있다. 사랑이라는 별도 있고 열정과 행복이라는 이름의 별도 있다. 몰입이라는 별도 있고 도전과 재능이라는 별도 있다. 수많은 별 가운데 그 별의 이름만 생각하면 가슴이 뛰고 주먹이 불끈 쥐어지며 입술이 깨물어지는 별도 있다. 사람마다 선호하는 가치관이 다르고 추구하는 미래의 꿈과 비전이 다르기에 마음속에 간직하고 있는 별의 이름도 각양각색이다. 내가 가장 소중하게 생각하는 별의 이름은 열정(Passion), 혁신(Innovation), 신뢰(Trust), 도전(Challenge), 그리고 행복(Happines)이라는 별이다. 5개의 별이 추구하는 가치는 수많은 별 중에 제 마음속에 소중히 간직하고 있는 나의 핵심가치다. 핵심가치는 딜레마 상황이나 위기 상황에 빠졌을 때 행동하기 이전에 의사결정과정에서 활용되는 가치 판단의 기준이나 잣대다.

밤하늘의 별은 별로 봐도 아름답지만 별과 별을 연결시켜 별자리로 바라보면 더욱 의미심장하게 다가온다. 개별적인 별을 어떤 관계로 엮어서 별자리로 만들어보면 더욱 아름답게 보일 뿐만 아니라 심오한 의미로 다가온다. 내 마음속에 간직하고 있는 5개의 별을 연결시켜 북두오성이라는 별자리를 만들었다. 그 별자리 이름이 PITCH다. PITCH라는 별자리는 내가 소중하게 생각하는 5개 핵심가치를 뜻하는 영어의 첫 글자를 따서 만든 단어다. 즉 Passion, Innovation, Trust, Challenge, Happiness의 첫 글자를 따서 PITCH라는 북두오성의 별자리를 만들었다. PITCH라는 북두오성은 내가 모든 의사결정을 할 때 나의 판단 기준으로 작용하는 핵심가치다. 새로운 일을 시작할 때 이 일이 나에게 주는 의미가 무엇인지, 그리고 이 일은 할 만한 가치가 있는 것인지를 결정할 때에는 언제나 PITCH라는 북두오성을 바라보고 결심하고 결정하며 결연한 결행으로 옮긴다. PITCH라는 북두오성이라는 별은 내가 방향을 잃었을 때 길을 안내해주는 나침반이나 등대 역할을 한다. 나아가 PITCH라는 북두오성 별자리는 나 스스로를 반성해보고 더 나은 삶을 살아가도록 끊임없이 나를 채찍해주는 마음의 회초리이자 정신을 바짝 들게 만들어 주는 죽비(竹扉)다.

밤하늘에 빛나는 5개의 별이 만든 북두오성은 내가 사람을 평가할 때에도 어김없이 기준으로 작용한다. 그 사람은 얼마나 열정적인가? 그 사람은 어제와 다르게 생각하고 행동하는가? 그 사람은 얼마나 사람에게 신뢰를 심어주고 있는가? 그 사람은 현실에 안주하지 않고 미지의 세계로 도전하는 삶을 살아가고 있는가? 그 사람은 얼마나 행복하게 살아가고 있는가? 사람을 평가하는 중심에는 언제나 5개의 별이 어둠을 밝혀주는 등불로 활용된다. 5가지 핵심가치는 변하지 않는 나의 가치관이다. 그러나 5가지 이외에는 모두가 변화의 대상이다. 페라리 자동차 슬로건에 Change It, But Don't Change It라는 말이 있다. 우리말로 바꾸면 바꿔라. 그러나 바꾸지 마라는 이야기다. 바꾸라고 해놓고 바꾸지 말라는 말은 언뜻 듣기에 모순처럼 들린다. 어떤 딜레마 상황이나 위기 상황에 처하고서도 쉽게 바꾸지 않고 흔들리지 않는 원칙으로 작용하는 기준이 바로 5개의 핵심가치다. 5가지는 변화시키지 말아야 할 가장 중요한 내 삶의 원칙이다. 그러나 5가지 이외에는 모두가 변화의 대상이다. 나뿐만 아니라 세상을 열정적이면서 혁신적으로, 그리고 신뢰를 근간으로 도전적으로 바꾸어서 모두가 행복한 세상으로 변화시키는 게 내가 살아가는 이유이기도 하다.

  5대 핵심가치 이외에 모든 것은 변화의 대상이다. 첫째,

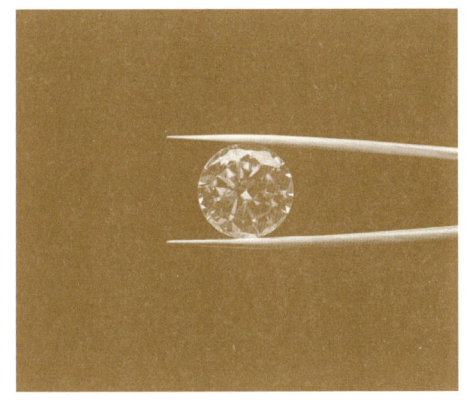

가치가 사치를 이긴다

나는 내 삶을 열정적으로 바꿀 뿐만 아니라 세상을 열정적으로 바꾸려는 노력을 부단히 전개하고 있다. 무엇보다 열정적으로 살아온 나만의 스토리를 만들어 책으로 만든다. 그 책을 읽고 내 삶의 열정에 감전되어 다른 사람도 열정적으로 삶을 살기 시작한다면 나는 내 삶의 핵심가치에 근거해서 세상은 물론 세상 사람들을 열정적으로 바꾸고 있다는 증거다. 불광불급(不狂不及), 즉 미치지 않으면 미칠 수 없다. 한 분야에 미쳐야(狂) 그 분야에 미칠 수 있다(及). 둘째, 어제와 다른 방법으로 생각하고 행동하면서 내 삶을 혁신적으로 바꾼 스토리를 모아서 예를 들면 《생각지도 못한 생각지도》[47]라는 책을 썼다. 법고창신(法古創新), 즉 옛것을 본받아 새로운 것을 창조(創造)한다는 뜻으로, 옛것에 토대(土臺)를 두되 그것을 변화(變化)시킬 줄 알고 새것을 만들어 가되 근본(根本)을 잃지 않아야 한다는 뜻이다. 혁신은 이제까지 존재하지 않았던 새로운 것을 창조하는 과정이라기보다 이미 있는 것을 남다른 방식으로, 또는 익숙한 것을 낯설게 보여주는 과정에서 탄생한다. 셋째, 신뢰가 무너지면 모든 것이 무너진다. 사람은 인간관계 속에서 영향을 주고 받으면서 인격을 형성하고 인성을 가꾸어 나간다. 마음에 조금의 부끄러움이 없다는 무괴어심(無愧於心)의 자세로 사람들과의 인간관계를 만들어나가고 그 속에서 삶의 행복을 추구한다. 넷째, 현실에 안주하지 않고 언제나 미지의 세계로 도전하는 삶을 살아간다. 도전이 멈추면 삶은 그곳에서 안주한다. 도전하다 넘어지고 실패하면 다시 일어서면 된다. 도전과 실패 속에서 성공은 가까이 다가온다. 칠전팔기(七顚八起)의 정신으로 오늘도 도전을 멈추지 않을 때 꿈의 목적지는 현실로 다가온다. 마지막으로 이 모든 핵심가치는 행복한 삶을 살기 위해서 필요하다. 일로영일(一勞永逸), 즉 한때 고생(苦生)하고 오랫동안 안락(安樂)을 누리거나 적은 노고(勞苦)의 보람으로 오랜 이익(利益)을 본다는 말이다. 고생(苦生)해야 고생(高生)할 수 있다. 고생해본 사람만이 더 높은 곳으로 성장한다.

> "
> 색달라지면
> 저절로 남달라진다
> "

5개의 핵심가치는 내가 살아가는 삶의 방식을 결정한다. 열정적인 삶, 혁신적인 삶, 그리고 다른 사람에게 깊은 신뢰를 주는 삶, 도전하는 삶, 그리고 행복한 삶을 살아가기 위해 각각의 핵심가치 대로 내 삶을 영위해나간다. 그렇게 살아가는 길이 바로 남의 인생이 아니라 내 인생을 살아가는 비결이다. 5가지 핵심가치를 중심으로 의사결정하고 행동하는 삶, 그런 삶을 위해 다른 것은 포기하고 묵묵하게 자신의 길을 걸어가는 삶이 바로 My Way다. My Way는 My Story가 축적되어 생기는 길이다. My Story가 모이면 결국 My History가 되고 My History가 결국 My Way가 되는 길이다. 그런 길을 가는 사람은 자신이 걸어가는 길이 곧 길이 된다. 남의 뒤를 쫓아가지 않고 자신의 갈 길을 걸어가는 사람이다. 길은 그렇게 생긴다. 핵심가치대로 매일매일 생각하고 행동하며 책을 쓰고 강연하며 세상을 변화시키는 삶을 살다 보면 자신도 모르게 자기다운 길을 걸어가는 모습을 발견하게 된다. 사치로 다른 사람처럼 살기 위해 꾸미지 않고 가치로 나다움을 창조하기 위해 노력하는 사람이야말로 가장 색다르고 아름답게 살아가는 사람이다.

  신영복 교수의 말씀에 따르면 '길은 앞에 있지 않고 뒤로 생긴다'고 한다. 남이 걸어간 길을 빠르게 따라가는 사람이 아니라 비록 위험은 있어도 자기 갈 길을 걸어가는 사람 앞에 세상은 여전히 많은 길을 열어놓고 있다. 길은 가보지 않으면 모른다, 세상에는 하늘의 별의 수만큼이나 아직도 걸어가보지 못한 미지의 길이 있다고 한다. 남들이 이미 걸어간 길을 쫓아가는 여정에는 심장이 뛰지 않는다. 그 길 위에서는 오로지 남과 비교하며 곁눈질하는 삶을 살아갈 수밖에 없다. 남과 비교하지 않고 어제의 내가 했던 생각과 행동과 비교해볼 때 나는 오늘 무엇이 달라지고 있는지를 물어봐야 한다. 남보다 잘하지 말고 전보다 잘해야 한다. 리더는 바로 그런 길을 걸어가는 사람이다. 리더가 조직의 핵심가치를 중심으로 팀원들이 생각하고 행동하며 그것으로 평가받을 수 있도록 여건과 문화를 조성하는 과정에 솔선수범해야 되는 이유다.

어휘와 어이
: 어휘가 없으면 어이도 없다

*당신은 개념을 의도적으로 공부합니까,
다른 사람의 통념에 갇혀서 삽니까?*

한 분야에 관한 새로운 생각과 실천은 그 분야와 관련된 새로운 개념적 사유에서 비롯된다. 예를 들면 인재육성 분야의 'HRD'라는 용어를 살펴보자. HRD는 흔히 'Human Resource Development', 즉 인적자원개발로 통용되고 있다. HRD는 언제나 인간을 자원으로 취급하고 그 자원을 어떻게 효율적으로 개발하고 관리할 것인지의 사유에 머물러 있는 셈이다. 인재육성 분야에 역량중심 교육체계 수립과 교육과정 개발이 유행하는 이유도 HRD를 인적자원개발이라는 개념으로 이해하고, 인적자원이 갖춰야 할 특정 능력을 그 능력이 발휘되는 특정 상황적 맥락과 분리 독립시켜 개체론적으로 사유하는 데 머물러 있기 때문이다. 여기서 말하는 개체론적 HRD는 특정 직무 수행에 필요한 역량, 예를 들면 커뮤니케이션 능력, 자료조사 수집 및 분석 능력, 문제해결능력, 상황판단력과 의사결정능력, 전략적 사고능력 등을 모두 상호분리시켜 독립적으로 분석해서 특정 역량을 탈맥락적으로 강조하는 접근이다. 신입사원에게는 실무적 역량이 필요하고 중간 관리자에게는 갈등관리나 의사결정 능력이 요구되고, 임원에게는 전략적 사고능력이 필요하다고 상호배타적으로 사고하는 관행에서 벗어나지 못하는 이유도 HRD를 개체론적으로 이해하는 개념적 사유에서 벗어나지 못하고 있기 때문이다.

이와는 대조적으로 HRD를 'Human Relationship Development'로 재개념화시키면 HRD는 독립적 개인이 갖추고 있는 특정 역량을 탈맥락적으로 분석해서 처방하는 접근에서 벗어나 특정한 성과나 성취에 대해 사회적 관계의 산물로 바라보는 관계론적 사유가 시작된다. 관계론적 HRD는 인간의 독립적인 역량을 개발하기보다 인간관계를 바꿈으로써 이전과 다른 인간으로 변화시키는 노력에 중점을 둔다. 이처럼 개념을 바꾸면 사유가 바뀌고, 사유가 바뀌면 HRD 실천의 변화가 수반된다.

개념은 생각의 양념이다

언어철학적 입장에서 언어와 사고의 관계를 연구하면서 다양한 논쟁을 거듭해오고 있지만 아직도 분명한 결론은 나지 않고 있다. 대체로 언어와 사고는 변증법적 관계로 언어가 사고에 미치는 영향과 반대로 사고가 언어에 미치는 영향을 인정하면서 상호간의 변증법적 관계를 상정하고 있다. 다만 분명한 점은 인간은 언어 없이 생각할 수 있지만 생각한 바를 표현하기 위해서는 언어의 힘을 빌려야 한다. 언어를 떠난 인간은 동물학적으로 존재할지 모르지만, 인간학적으로 존재한다고 볼 수 없다.[48] 왜냐하면 세계와 인간에 대한 참된 인식은 언어적 차원에서 그 의미의 해명, 즉 개념 정리를 토대로 이루어지기 때문이다. 하이데거의 말대로 '언어는 존재의 집'이라는 말이나 니체의 "꿀벌은 밀랍으로 집을 짓고 살지만 사람은 개념으로 집을 짓고 산다"는 말은 모두 인간은 언어적 존재임을 천명하고 있는 것이다. 인간은 언어를 통해서 언어로써만 느끼고 생각하며 세계를 지각하고 사색하며 미래를 계획하고 전망하며 지금의 삶을 성찰하며 살아간다. 한마디로 인간은 언어 이전의 의식으로 태어나 언어를 배우며 자신을 표현하고 다른 사람과 공감하며 살아가다 언어를 남기고 죽는다. 언어는 단순히 사고를 표현하는 수단이 아니라 그 자체가 하나의 행위다. 따라서 언어를 바꾸면 행동방식과 삶이 바뀐다. 거꾸로 말하면 다르게 산다는 건 다른 언어를 갖고 세상을 다르게 본다는 걸 의미한다.

문제는 전문분야마다 다르지만 새로운 개념을 습득할 기회를 점차 상실해가고 있다는 점이다. 이미지의 범람과 개념의 빈곤이 한 집안에 같이 살아가는 요즘, 개념은 황폐화되고 오로지 이미지만이 현란하게 춤추고 있다. 《개념: 뿌리들》[49]의 저자, 이정우 박사에 따르면 현대인들은 천천히 깊이 있게 사유할 수 있는 개념보다 강렬하지만 즉물적인 이미지의 홍수에 떠내려가고 있다. 근본적인 사유는 이미지의 개념적 해석 능력과 텍스트의 이미지화 과정을 통해서 일어난다. 개념은 있는데 개념이 지향하는 바를 이미지화시킬 수 없다면 추상적 사고를 통해 구체적인 현실을 포착할 수 있는 상상력을 가질 수 없다. 이미지는 있는데 그 이미지가 의도하는 바를 해석할 수 있는 개념적 사고능력이 없다면 이미지가 추구하는 미지의 세계를 알 수 없고 이미지의 피상적 의미에 매몰된다. 특히 사유의 과정은 개념적 사유로 시작하든 이미지로 기억되든 사물이나 현상, 그것을 움직이는 원리와 법칙은 개념을 매개로 일어난다.

다양한 개념을 적기에 인출하여 적재적소에 활용할 수 있는 능력이 부족하면 아무리 위대한 상상을 이미지를 떠올려 가면서 한다고 해도 결과적으로 상상은 현실로 구현되지 않는다. 언어나 개념 이전에 인간은 생각하고 상상해왔다. 예를 들면 행복이라는 단어를 모르고도 행복한 삶을 살아왔다. 하지만 내가 살아가면서 느끼는 감정이나 떠오른 아이디어를 적확한 개념을 활용하여 분명하고 정확하게 표현하지 못하면 머릿속을 맴도는 생각으로 머물 뿐 색다른 창조로 연결되지 않는다. 음식을 만드는 과정에서 맛을 내는 양념이 추가되지 않으면 음식 맛이 나지 않는다. 마찬가지로 다양한 생각을 적절한 개념으로 요리하지 않으면 생각은 그저 생각으로 멈춘다. 개념은 생각을 맛나게 만드는 양념이다.

기존 개념의 의미에 대한 성찰과 각성이 동반되는 재음미가 동반되지 않는다면 나는 지금 쓰고 있는 개념에 함몰되어 다른 세상을 볼 수 없다는 맹점을 지닌다. 내가 사용하고 있는 개념적 의미에 따라 내가 몸담고 있는 분야나 세계가 보인다. 내가 지향하는 교육은 교육에 대한 나의 개념적 의미부여에 따라 다르게 구상할 수 있다. 내가 생각하는 교육은 교육에 대해 내가 부여하는 개념적 의미 이상의 교육을 지향하거나 추구할 수 없다. 내가 생각하는 교육을 온실 속의 화초 재배하듯이 속성으로 주어진 목표를 달성하는 과정으로 이해한다면 교육은 사육이다. 사육의 목적은 좋은 대학에 입학해서 좋은 기업에 취업에서 정상적인 사람들의 기대에 부응하는 방식으로 살아가는 것이다.

반면에 진정한 교육의 목적을 야생에서 자라는 잡초처럼 시련과 역경을 스스로 경험하면서 삶의 목적과 의미를 찾아가는 과정으로 재개념화한다면 전혀 다른 교육적 가능성의 문이 열린다. 새로운 교육적 가능성의 문을 열어보고 싶다면 교육과 관련된 개념을 다른 의미로 재정의하거나 새로운 개념을 창조할 필요가 있다. 내가 창조하는 개념대로 내가 원하는 세계의 가능성이 열릴 수 있다. 개념은 나의 신념이 담긴 생각의 양념이다. 내가 창조하고 싶은 미래가 있다면 거기에 상응하는 새로운 개념을 창조해야 한다. 개념의 창조 없이 새로운 미래는 열리지 않는다.

개념이 바뀌지 않으면 통념에 갇힌다

개념은 내가 세상을 바라보고 어제와 다른 방법으로 생각하기 위한 인식의 틀이자 사고의 도구다. 살아가면서 우리가 노력해야 될 일 중의 하나는 나를 표현하고 세상을 이해하기 위한 '개념'을 배우는 공부다. 새로운 개념을 배우지 않으면 우리는 지금까지 배운 개념으로 세상을 이해하고 표현할 수

공부가 없으면 어제와 같다

밖에 없다. 1년 전에 내가 썼던 개념을 1년이 지난 지금도 비슷하거나 동일한 개념을 반복해서 쓰고 있다면 나는 개념 없이 1년을 살아왔다는 반증이다. 개념 없이 살았다는 이야기는 생각의 변화 없이 1년을 살았다는 이야기다. 이전과 다른 방식으로 세상을 이해하기 위해서는 어제와 다른 개념을 갖고 있어야 한다. 청소년기에 습득한 개념으로 청년기를 살아가는 사람, 청년기에 습득한 개념으로 중장년을 살아가는 사람은 더 이상 공부를 하지 않고 예전의 생각 수준에 머물러 있는 사람이다. 사람은 그 사람이 습득한 개념이다. 개념을

> "
> 관념에 신념을 추가해야
> 나만의 개념으로 창조된다
> "

끊임없이 공부해야 되는 이유는 동일한 개념이라고 할지라도 예전의 개념과 다른 의미로 재탄생하기도 하고 다른 맥락에서 다른 의미로 변형 적용되어 쓰이면서 색다른 개념으로 거듭나는 경우도 있기 때문이다. 특정 전문 분야와 관련된 개념이 주로 선진국에서 창조된 개념이라면 그런 개념을 사용하는 우리는 선진국의 특정 전문 분야에 속박된 사고를 자기도 모르게 하게 된다. 개념적 사유는 개념에 담긴 문제의식이 결정한다. 내가 창조한 개념이 아니라 다른 곳에서 다른 사람이 창조한 개념을 내가 무의식적으로 사용한다는 이야기는 그만큼 나는 다른 사람의 사고체계에 속박되어 생각하는 기생적 사유에 물들어 있는 셈이다. 개념을 공부하는 더 중요한 이유는 개념적 렌즈가 세상을 바라보는 안경이기 때문에 어떤 개념적 렌즈로 세상을 바라보는지에 따라 전혀 다른 세상으로 이해되고 해석될 수 있기 때문이다. 개념은 저마다의 문제의식과 탄생 배경을 갖고 있다. 특히 철학적 개념은 그 개념을 창조한 사람의 문제의식이 녹아 있다. 자신의 철학적 사유의 핵심을 이전 개념으로 파악할 수 없기 때문에 기존 개념에 색다른 의미를 부여해서 재개념화시키거나 기존에 없었던 새로운 개념을 부단히 창조한다.

체코의 한 서점 슬로건에 따르면 '언어가 세계를 창조한다(Words create worlds)', 즉 내가 사용하는 언어가 내가 살아가는 세계를 창조한다는 의미다. "내가 사용하는 언어의 한계가 내가 사는 세계의 한계다." 언어 철학자 비트겐슈타인의 말이다. 세계를 다르게 창조하려면 다른 단어가 필요하다. 내가 사용하는 단어가 바뀌지 않으면 내가 창조하고 싶은 세계도 바뀌지 않는다. Words create worlds에서 'worlds'를 기업에서 개발하고 싶은 신제품이나 서비스(Products & Services)로 바꾸어 놓고 생각해보면 훨씬 쉽게 와 닿는다. 내가 사용하는 언어의 세계가 내가 상상하고 만들 수 있는 제품과 서비스를 결정한다. 아무리 위대한 생각과 아이디어를 갖고 있어도 이를 표현할 수 있는 적절한 언어나 개념이 없다면 이전과 다른 제품과 서비스는 창조되지 않는다. 어제와 다른 제품과 서비스는 어제와 다르게 표현할 수 있는 어휘력이 결정한다. 언어가 틀에 박히면 생각도 틀에 박힌다. 생각지도 못한 뜻밖의 생각은 생각지도 못한 언어를 구사할 수 있을 때 가능하다. 언어는 그래서 단순히 생각을 표현하는 수단이 아니라 어떤 언어를 사용하는지에 따라 사람도 바뀌고 삶도 바뀐다. 내가 사용하는 언어가 나다. 나를 바꾸고 내 삶을 바꾸려면 내가 사용하는 언어를 바꿔야 한다. 내가 사용하는 언어에는 내 생각과 감정과 의지가 반영되어 있다. 내가 사용하는 언어를 분석해보면 내 삶을 들여다볼 수 있다. 언어는 그래서 사고를 표현하는 수단을 넘어 내 삶을 결정지우는 그 자체다.

마스터리와 미스터리
: 마스터리(Mastery, 경지)에 이르는 길은
미스터리(Mystery, 신비)다[50]

당신은 경지에 이르기 위해 프로세스만 배웁니까,
프랙티스를 반복하며 깨달음을 얻습니까?

전문가는 전문적으로 문외한이다!

한 분야의 경지(mastery)에 이른 사람의 여정은 영원히 풀 수 없는 신비(mystery)에 쌓여 있다. 많은 사람들이 나에게 어떻게 그렇게 책을 빨리 쓸 수 있는지 비법을 설명해달라고 한다. 그런 질문에 대한 대답은 그저 매일 조금씩 밥 먹듯이 쓴다고 대답한다. 특별한 비법이라는 이름으로 정리하려고 마음을 먹는 순간 막막한 기분이 든다. 어떻게 책을 쓰는지를 빠짐없이 정리해서 완벽한 책 쓰기 매뉴얼로 만들 수 없다. 혹은 책 쓰기 과정(process)을 구체적인 단계로 나눠서 각 단계

별 무엇을 어떻게 하는지(practices) 어느 정도 설명할 수 있지만 여전히 마스터리에 이르는 길은 미스터리로 가려져 있다. 본인이 매일 하고 있는 일을 언어를 매개로 구체적으로 표현할 수 없는 영역이 존재한다. 언어적 개입을 거부하는 전문성의 경지, 거기에 이르는 길은 늘 베일에 가려져 있다. 경기도 파주에 가면 '선일금고'라고 금고 만드는 강소기업이 있다. 안타깝게 설립자 김용호 회장님은 돌아가셨다. 김용호 회장님은 전 세계 금고를 종류별로 손으로 여는 지루한 반복 연습을 통해 금고 여는 마스터리에 이르게 되었다. 김용호 회장님의 금고 여는 노하우, 즉 마스터리는 말로, 또는 언어로 가르칠 수 없는 신비의 영역(mystery)으로 남아 있다. 금고 여는 당사자는 몸으로 알고 있지만 누군가에게 가르쳐 줄 수 없는 신비의 영역이다.

도날드 쇤의 《전문가의 조건》에 따르면 "전문직은 이제 신뢰성과 정당성의 위기라는 현실에 직면하고 있다. 대중들의 분노, 사회로부터의 비판, 전문가 자신의 불평등 전문직에 대한 부정적 분위기 속에서 그동안 전문가들이 독점해온 지식의 배타적 소유권, 사회에 대한 통제 권리는 도전을 받고 있다." 한 우물만 파다가 매몰되는 전문가도 속출하고, 전문가지만 자기 분야밖에 모르는 전문적으로 문외한도 등장한다. 전문가가 전문성은 갖추고 있지만 사람을 대하는 자세와 태도, 세상을 바라보는 안목과 식견, 다른 사람과 어울려 소통하고 공감하는 능력은 현격하게 떨어진다. 전문가의 조언과 충고, 도움과 노력으로 난관을 극복하고 자신의 길을 갈 수 있었지만 언제부터인지 전문가는 전문성은 물론 그들의 인간성에도 금이 가기 시작했다. 전문가의 전문성의 깊이에도 문제가 있지만 깊이가 없으면서도 깊이 있는 전문가임을 자처하는 무늬만 전문가도 속출하면서 일반인들은 더 이상 전문가를 신뢰하지 않는 분위기로 돌변하기 시작했다. 그 이유는 첫째, 전문가들이 더 이상 자신들이 지지하는 가치와 규범에 따라 살지 않고 있고, 둘째, 그렇게 때문에 그들은 더 이상 효과적인 활동을 수행하지 못하기 때문이다. 전문가라고 믿었지만 전문가로서 갖추어야 될 전문성의 깊이도 부실할 뿐만 아니라 전문가로서 끌리는 인간적 미덕조차 부재하기 때문에 전문가는 이제 위기와 난국에 직면하고 있다.

모든 전문성은 사회적 맥락에서 탄생된다

지금까지 전문성은 전문성이 발휘되는 현장(context)에서 분리 독립시켜 전문가가 갖추어야 될 전문성을 도출하고 이를 근간으로 체계적인 교육을 실시하면 기대하는 전문가를 육성할 수 있다는 소위 기술적 합리성의 패러다임을 따랐다. 전문가 육성에 대한 기존 패러다임은 이런 전문성을 익히려면 해당 분야의 전문가가 보유하고 있는 전문성을 탈맥락적으로 도출한 다음 이것을 초보자들에게 체계적으로 가르치면 기대하는 전문가를 육성할 수 있다고 가정했다. 하지만 특정한 분야의 전문성을 발휘하는 과정(processes)을 구체적으로 처방한 매뉴얼을 그대로 따라 한다고 매뉴얼대로 실천(practices)되지 않는다. 즉 어떤 일을 하는 프로세스나 매뉴얼을 머리로 안다고 해서 그대로 몸이 움직여 실천으로 연결되지 않는다. 앎이 현장에서 잉태되지 않고 책상에서 속성 재배되었기 때문이다. 앎이 이루어지는 책상은 창백하다. 복잡한 역동성과 불확실성, 그리고 뜻밖의 예기치 못한 사건과 사고가 우발적으로 일어날 가능성이 농후한 현장은 언제나 기대했던 매뉴얼이나 프로세스대로 실천이 이루어지지 않는다. 전문성은 전문성을 잉태한 사회적 맥락과 분리시켜 생각할 수 없다. 모든 전문성은 그것이 탄생할 수밖에 없었던 사회적 문제의식과 전문성 탄생에 영향을 준 모든 사람의 사회적 상호작용의 산물이다.

그동안 전문가에 대한 관점은 전문가가 되는 데 필요한 지식과 기술을 전문성이 발휘되는 맥락과 무관하게 탈맥락적으로 가르치면 필요한 전문가를 육성할 수 있다는 기술적 숙련가 패러다임이 지배해왔다. 《전문가의 조건》에서는 "전문성을 객관적이고 보편적인 지식체계가 아니라 주관적이고 상황적인 앎의 과정"으로 인식한다. 기술적 숙련가 패러다임에 따라 전문가를 육성하려면 전문가가 갖추어야 할 다양한 전문성을 보다 체계적으로 정리해서 가르쳐야 한다고 가정한다. 전문가로서 갖추어야 할 전문성을 체계적인 교육을 통해 습득했다고 생각했지만 막상 실천 현장에서 마음대로 되지 않는 상황이 부지기수로 발생하면서 전문가 육성에 대한 전통적인 패러다임의 한계와 문제점이 드러나기 시작했다. 기술적 숙련가를 육성하는 전문성 모델을 다른 말로 기술적 합리성 모델이라고 한다. 《전문가의 조건》중 기술적 합리성 모델에 따르면 "전문가 활동은 과학적 이론과 기법을 엄격하게 적용하는 도구적 문제 해결 행위로 설명된다." 목적이나 방향이 결정되면 그다음 문제는 거기에 이르는 수단과 방법, 도구와 절차를 합리적으로 결정해서 실행하면 된다는 발상이다. 하지만 전문가의 처방을 기다리는 상황은 어떤 해결책을 동원하면 기대하는 성과를 거둘 수 있을지를 분명하게 알 수 있는 문제(problem)가 아니라 도대체 무엇이 문제인지조차 알 수 없는 문제적 상황(problematic situation)이 더 많다.

문제는 문제(problems)가 아니라
문제 상황(problem situations)이다

문제는 해결하면 되지만 문제 상황은 특정 절차나 프로세스대로 따라가면 만족할 만한 성과를 얻을 수 있는 상황이 아니다. 문제 상황은 시시각각 바뀌는 변화무쌍한 위기일발의 사각지대이자 어떤 조치를 취한다고 해서 고민하는 문제가 해결되지 않는 딜레마 상황이다. 어떤 한 가지 해결책으로 주어진 문제를 해결할 수 없는 복잡하고 불확실하며 불안정하고 혼돈스러운 상황인 것이다. 과학적 지식이나 체험적 노하우를 체계적으로 적용한다고 해결되지 않는 이해하기 어려운 난국이다.

《전문가의 조건》에 따르면 기술적 합리성의 관점에서 "전문가의 실천 활동은 일종의 문제 해결 과정(problem solving)이다. 즉 기술적 합리성 관점에서 보면, 선택을 하거나 결정하는 문제는 활용 가능한 수단들 중에서 목적 달성에 가장 적합한 수단을 선정하는 행위로 해결된다." 그런데 문제 해결은 문제를 어떤 관점에서 규정하느냐에 따라 전혀 다른 후속 조치가 따른다. 즉 문제의 본질을 규정하는 문제가 문제 해결에 필요한 접근 논리의 방향과 성격을 규정한다. "문제 규정(problem setting)은 기술적 문제 해결을 위한 필수 조건이지만,

문제 규정 자체는 기술적인 문제가 아니라는 점을 인식하기 시작한 것이다. 다시 말하면, 문제 규정(problem setting)은 주의를 기울여야 할 현상들을 명명(name)하고, 주의를 기울이게 될 맥락을 틀 지우는(frame) 행위를 동시에 수행하는 일련의 과정이 된다."라고 《전문가의 조건》은 정의하고 있다. 문제 해결은 기술적 문제지만 문제 규정은 문제의 본질을 인식하고 정의하는 지극히 주관적이지만 이해관계자의 협의와 합의가 필요한 문제다. 따라서 여기는 과학적인 도구를 도입한다고 금방 해결되지 않는 불가사의한 영역이 여전히 신비에 싸여 있다. 무엇이 문제인지를 규정하는 문제는 기술적 과정이 아니라 정치적 합의과정이다. 문제 상황은 문제라고 보는 시각과 관점이 복잡하게 얽혀 있는 전장(戰場)이다.

모든 문제는 문제 해결 이전에 계획했거나 준비했던 방식대로 풀리지 않는다. 문제가 존재하는 문제 상황은 생각만큼 단순하지 않다. 문제 해결을 위한 완벽한 계획을 수립했다고 그대로 실행되지 않는다. 중요한 것은 문제 해결을 위한 완벽한 계획과 절차, 방법과 수단을 사전에 과학적인 연구를 통해 준비하는 일보다 실제로 문제가 존재하는 딜레마 상황에서 다양한 실험과 실천을 하는 가운데 초기 계획을 수정하는 행위 중 성찰(reflection-in-action)이다. 《전문가의 조건》

에 따르면 "행위 중 성찰 과정이야말로 바로 실천가들이 불확실성, 불안정성, 독특성, 가치 갈등 상황들에서 때때로 적절하게 대처하도록 해주는 '기예'를 구성하는 핵심적인 요소가 된다." 행위 중 성찰은 완벽한 계획을 수립해서 완벽한 실천을 기하려는 노력이 아니다. 오히려 행위 중 성찰은 어느 정도 구상이나 계획이 수립되면 실천 현장에 적용하는 과정에서 성찰해보고 생각지도 못한 일이 발생했다면 어떤 문제 때문에 생각대로 안 풀리는지를 당시의 상황적 맥락을 고려해서 판단하고 다음 조치를 어떻게 취할지를 결정하는 과정이다. 이때 생기는 앎이 바로 행위 중 앎(knowledge-in-action)이다. 앎은 책상에서 생기지 않고 실천 현장에서 온몸으로 뒹구는 와중에 문득 다가오는 깨달음이다.

배워야만 할 수 있는 일을 하면서 배운다

"배워야만 할 수 있는 일을 하면서 배운다." 아리스토텔레스도 도날드 숀이 주장하는 실천적 인식론 입장에서 배움과 일의 관계에 대한 통찰력 있는 명언을 남겼다. 행위 중 성찰(reflection-in-action)은 행위 중 앎(knowing-in-action)을 낳은 원동력이며, 행위 중 앎은 행위 중 이론(theory-in-action)을 낳는 씨앗이다. 지식은 책상과 책에서 나오지 않는다. 지식은 실천하는 도중(knowledge-in-practices)에, 그리고 그런 실천 중 성찰 과정(reflection-in-practices)에서 나온다. 이론이 현장과 무관하게 책상에서 생산된다면 관념적이고 추상적일 뿐이다. 그런 이론은 논리적 설명력은 강하지만 실천적 적용력이나 현실적 설득력은 취약하다. 행위 중 이론 또는 실천적 이론은 이론의 생산 근거지가 관념이 아니라 현장에서의 실천이다. 그래서 이론 이름이 행위 중 이론(theory-in-action)이다. 그런 이론이 현장을 변화시킬 수 있는 마력을 품고 있다. 행위 중 이론은 책상에서 논리적 조합으로 만들어진 이론이 아니라 실제 현장에서 행위에 관해서 성찰(reflection-on-action)하고, 어떤 경우에는 행위 중 성찰(reflection-in-action)이 만들어 낸 이론이다. 《전문가의 조건》에는 "행위 중 성찰은 대개 예기치 못한 경험으로 일어난다. 직관적, 즉각적 행위가 기대한 결과를 낳으면, 그 행위에 대해서는 생각하지 않는다. 하지만 직관적 행위가 의도하지 않은 상황, 즉 즐겁고 보람찬 혹은 원하지 않는 결과를 낳게 되면, 행위 중 성찰(reflection-in-action)이 일어난다."라고 설명하고 있다. 행위 중 성찰은 어떤 결과가 어떤 상황에서 발생할지를 일반화할 수 있는 보편적 이론보다 특수한 상황에서 벌어지는 성찰하고, 이후 어떤 조치를 취할 것인지를 거듭 성찰하는 독특한 개성 기술적 이론

마스터리(Mastery), 끝내에 이르는 같은 미스터리(Mystery, 신비다)

(idiosyncratic theory)을 선호한다.

 "요컨대, 실천가들은 불확실하거나 독특한 실천 상황 속에서 놀라움, 어리둥절함, 혼란 등을 경험한다. 이때 실천가는 그런 현상에 대해서 성찰을 하면서 자신에게 내재된 사전 지식(prior understanding)에 대해서도 성찰을 한다. 동시에 실천하는 현상을 새롭게 이해하고 상황을 변화시키기 위해서 모종의 실험을 실시한다."《전문가의 조건》에 나오는 대목이다. 미리 정해진 방식과 절차를 따라가면 목표했던 성과나 결과가 나온다는 가정은 복잡한 현실을 무시한 탁상공론이다. 행위 중 성찰을 매개로 전문성과 전문가를 새롭게 정의하려는 성찰적 실천가는 과학적 엄밀성(rigor)보다 현장이나 문제 소유자에게 얼마나 적합한지를 중시한다. 즉 성찰적 실천가는 엄밀성보다 적합성(relevance)을 추구한다. 이 말은 문제를 해결하거나 목적을 달성하기 위해 필요한 최적의 수단과 방법을 결정하는 도구적 문제 해결 과정의 엄밀성을 추구하기보다 주어진 문제를 해결하는 과정이나 결과가 과연 윤리적으로 옳고 도덕적으로 정당한지를 따져보는 적합성의 문제를 우선적으로 생각한다는 말이다. 과학적 엄밀성을 추구하는 기술적 숙련가는 실천 이전에 계획이 필요하고 모든 행동과 실천은 계획된 논리대로 따라가면 된다고 가정한다. 하지만 성찰적 실천가는 행동이나 실천은 계획 없이도 일어날 수 있거나 계획대로 되지 않기 때문에 완벽한 계획과 그에 따른 후속적 실천보다 실천하는 와중에 계획을 수정하는 과정을 더 선호한다.

마스터리(mastery)에 이르는 길은 언제나 미스터리(mystery)다

《전문가의 조건》에 의하면 "실천 상황에서 행위 중 성찰을 하는 사람은 연구자(researcher)가 된다. 독특한 케이스를 만나면, 기존 이론과 기법 범주에 의존하지 않고 해당 케이스에 적합한 새로운 이론을 창출해낸다. 행위 중 성찰은 일종의 탐구활동이며, 이 탐구활동은 사전에 합의된 목표에 따라 필요한 수단을 선택하는 과정이 아니다. 오히려 행위 중 성찰은 목표와 수단을 분리시키지 않고, 문제 상황에 대한 틀을 만들고 그 안에서 목표와 수단을 상호적으로 규정하는 과정이다. 또한 행위와 사고를 분리시키지 않으면서 추후 행위로 전환될 모종의 결정을 자신만의 방법으로 추론해 나가는 과정이다." 이론으로 현장을 설명하기보다 현장의 고유한 특성에서 이론적 특성을 도출하고 그것을 기반으로 상황 구속적 독특한 이론을 생산한다. 이론이 관념적으로 생산되지 않고 실천적으로 현장을 매개로 생산되니까 현장을 변화시킬 수 있는 실천적 파워가 더욱 강력해진다. 이런 이론은 시공을 초월해서 어떤 곳에나 다 적용할 수 있는 보편적이고 일반적인 이론이 아니라 주어진 상황을 풍부하게 설명해낼 수 있는 개성 기술적 이론(idiosyncratic theory)이다. 개성 기술적 이론은 상황의 특수함과 고유함을 밝혀내기 때문에 성찰적 실천가가 주어진 현장을 변화시키는 데 실천 지침으로 활용할 수 있는 이론이다.

"수퍼바이저는 환자의 자료를 해석하는 데 숙달된 능력(his mastery of materials)을 보여주지만, 그런 능력의 원천을 미스터리한 상태로 감추고 있다."라며, 도날드 쇤은 이런 전문가의 실천과정을 '봉인과 지배(mystery and mastery)'라고 했다. 봉인은 아직 개봉되지 않은 중요한 비밀이나 색다른 노하우가 세상에 알려지지 않고 베일에 가려진 상태를 말한다. 미스터리다. 지배는 한 분야의 경지에 올라 세상을 굽어보면서 자신의 전문성으로 어떤 미래를 펼쳐나갈 것인지를 구상하며 특유의 내공을 토대로 경지에 이른 사람의 노하우를 말한다. 경지에 이른 사람은 알지만 그곳에 이르는 과정이나 비법을 설명하기는 쉽지 않다. 어떻게 그런 경지에 이르게 되었는지 물어보면 "그냥 하다 보니 그렇게 되었지요."가 답일 수도 있다. 마스터리는 미스터리다. 마스터리에 이르는 과정은 다음 네 가지 단계의 무수한 반복이다. 《전문가의 조건》에 따르면 "행위 중 성찰은 경험 현상의 즉각적 노출(on-the spot surfacing), 비판적 고찰(criticizing), 재구조화(restructuring), 직관적 이해의 검증(testing of intuitive understanding)의 과정으로 진행된다." 모든 전문성은 낯선 현장에 즉각적으로 노출되면서 시작된다. 뜻밖의 일이 발생할 수도 있고 생각지도 못한 행운이 뒤따를 수도 있다. 어떤 일이 발생하든 비판적 고찰이 뒤따르면서 행위 결과로부터 배울 수 있는 교훈을 얻는다. 이어서 기존의 생각 프레임을 재구조화하면서 시시각각 부각되는 다양한 현상을 직관적으로 이해한다.

앎이 곧 행동이고 행동이 곧 앎이다.

"성찰이 촉발되는 것은 행위로 인한 뜻밖의 결과 때문이고, 성찰이 정지되는 것은 행위로 인한 만족스러운 결과 때문이다."라고 도날드 쇤은 강조했다. 성찰적 실천가는 완벽한 계획이나 매뉴얼을 준비하는 시간보다 실천이나 행위하는 과정에서 벌어지는 생각지도 못한 우발적 마주침에서 배움을 얻는 데 더 많은 관심을 쏟는다. 성찰은 뜻밖의 결과가 발생했을 때 극대화된다. 정상적으로 일이 진행될 때 성찰은 멈춘다. 사람이 생각하는 시점도 정상적인 상황이 아닐 때다.

정상적인 상황에서는 사람도 정상적으로 생각한다. 성찰이 촉발되는 시점은 바로 정상적이지 않은 상황이 전개될 때다. 《전문가의 조건》에 의하면 "행위 중 성찰은 예기치 못한 사태(surprise)로 인해서 초래되는 결과이기도 하지만 예기치 못한 사태를 발생시키는 원인이기도 하다." 성찰은 언제나 예기치 못한 일이 발생해서 시작되지만, 역으로 성찰로 인해 예기치 못한 상황이 발생할 수도 있는 양면성을 지닌다. 뜻밖의 상황에서 성찰을 하면서 성찰의 결과로 뜻밖의 상황이 발생할 수도 있다는 가능성이 흥미롭다. 뜻밖의 결과에 대한 성찰과 성찰로 인해 평지풍파를 일으키는 성찰은 꼬리에 꼬리를 물고 반복된다. 성찰은 색다른 생각을 잉태하는 시작이자 색다른 생각을 출산하는 마지막이기도 하다.

성찰적 실천가는 실천이 실종되면 이론은 탄생할 수 없음을 전제한다. 《전문가의 조건》에서 성찰적 실천가는 실증주의적 실천 인식론으로 개발된 세 가지 종류의 이분법을 비판한다. "첫 번째 이분법은 목적(ends)과 수단(means)의 분리이다. 도구적 문제 해결 과정은 주어진 목적을 달성하는 데 수단이 어느 정도 효과가 있는가도 판단하는 기술적 절차이다. 두 번째 이분법은 연구(research)와 실천(practice)의 분리이다. 연구는 통제 실험에 의해서 객관적 및 일반적 이론과 기법을 도출하는 데 목적이 있고, 실천은 연구로 도출된 이론과 기법을 문제 상황에 적용하는 데 목적이 있다고 본다. 마지막 이분법은 앎(knowing)과 행함(doing)의 분리이다. 행위는 단지 기술적 의사결정의 실행이자 검증으로 인식된다." 목적과 수단, 연구와 실천, 앎과 행함은 기술적 숙련가에게는 구분될 수 있는 두 가지 별개의 활동이다. 하지만 성찰적 실천가에게 두 가지는 한 가지 활동을 지칭하는 두 가지 다른 이름이다, 성찰적 실천가에게 목적은 수단이며 수단은 목적이다. 목적에 이르는 길을 수단이라고 하면 수단으로 달성된 목적은 또 다른 목적을 달성하기 위한 수단으로 변신한다. 성찰적 실천가는 연구와 실천을 두 개의 독립적인 활동으로 간주하지 않는다. 연구는 곧 실천이고 실천하는 과정을 연구자의 관점으로 바라보면 그것도 연구다. 이런 점에서 앎과 행함은 따로 노는 두 개의 이질적 활동이 아니라 앎이 곧 행동이고 행동이 곧 앎이다.

성찰적 실천가는 위험한 혁명가다

성찰적 실천가는 위험한 혁명가다. 《전문가의 조건》에서 성찰적 실천가는 "조직학습 역량을 갖춘 개인은 기능적 전문성 발휘가 요구되는 안정적 규칙과 절차 시스템으로서 조직

> **프랙티스를 반복하면
> 반전을 일으키는 지혜가 탄생한다**

에 대해 위험인물이기도 하다. 그러므로 대개 관료주의 조직은 성찰적 실천을 하는 전문가들을 꺼려한다." 실제로 성찰적 실천가는 지금 여기서 누리는 안락함과 습관적인 타성의 기원과 본질을 성찰한다. 성찰은 익숙함을 파고드는 경각심이며 편안함을 뒤흔드는 각성제다. 성찰을 시작하는 개인은 비장한 각오로 기존 질서나 규범에 문제를 제기한다. 정해진 규칙과 규범, 늘 반복하는 관계나 관습, 습관적으로 반복하려는 통념이나 타성을 깨부수는 노력을 전개할 때 성찰은 고개를 들고 우리 곁에서 세상을 관조하고 관망한다. 도날드 쇤은 그 관점에서 "성찰적 실천은 전문성의 탈신화화에 기여한다. 성찰적 실천은 전문가와 반전문가 모두에게 특정 지식이 인간을 위한 가치와 이익을 위한다는 기준으로 평가를 받아야 한다는 점을 알게 해준다. 또한 성찰적 실천은 불확실성, 불안정성, 독특성, 갈등 상황에서의 기능적 전문성이 무력하다는 점도 깨닫게 해준다. 나아가서 성찰적 실천은 전문가들이 자신들의 전문성의 기반이 되는 연구 기반 이론과 기법을 적용할 수 없는 상황에 처할지라도, 그들이 행위 중 성찰을 할 준비가 되어 있음을 알려줄 수 있는 법이 될 것이다."라고 얘기한다.

성찰적 실천은 과학적 지식으로 세상의 모든 문제를 해결할 수 있다는 자만심에 경종을 울리는 자극제다. 성찰적 실천은 나아가 지금 보유하고 있는 한 사람의 전문성만으로는 복잡하고 불확실하며 애매하고 혼돈스러운 상황에서 벗어날 수 있는 과학적인 처방은 원천적으로 불가능함을 알려주는 빨간불이다. 겸손한 자세로 세상의 아픔을 어루만지며, 지금 여기서 성찰은 나를 중심으로 세계를 둘러보고, 관계 속에서 인간의 놀라운 존재를 생각해보는 각성이다. 성찰은 내가 사물이나 현상을 거대한 우주 속에서 생각하는 것, 미지의 세계로 떠나려는 나의 관점, 인간관계에서 느끼는 다양한 감정, 우연한 마주침 속에서 깨달은 교훈을 거대한 사회적 구조와 관계망 속에 투영시켜 반추해보는 냉정한 각성이다. 주어진 목표를 빠르게 달성하기 위해 방법과 수단을 기계적으로 찾으려는 기술적 숙련가에서 무엇이 우리를 행복하게 하는지, 왜 우리는 이런 삶을 살아가는지, 세상의 전문가는 왜

무책임하고 자기 안위만을 위해 목숨을 거는지를 성찰하며 새로운 가능성을 직접 실천하는 성찰적 실천가로 변신할 시점이다.

컨텐츠와 컨테이너
: 컨테이너를 바꿔야 컨텐츠도 살아난다

*당신은 기존 컨테이너에 컨텐츠를 담습니까,
새로운 컨테이너에 맞는 킬러 컨텐츠를 담습니까?*

세계 경제의 지형을 뒤흔든 '컨테이너' 혁명

'용기'를 검색해보면 '용기(容器)'를 의미하는 'container'가 먼저 떠오른 경우가 있었다. 내가 찾은 용기는 'courage'를 의미하는 '용기(勇氣)'였다. 아마 진정한 용기(勇氣)는 기존 용기(容器)를 깨뜨리고 새로운 용기(容器)로 바꾸려는 과감한 변신에 있다는 의미를 함의하고 있는 것이 아닐까. 용기(容器)는 인간의 능력으로 따져보면 태어날 때부터 지니는 선천적인 수용력(capacity)이다. 인간의 노력으로 바꿀 수 없는 재능에 비해 후천적인 노력으로 바꿀 수 있는 역량을 능력(ability)이라고 한다. 수용력은 특별한 노력 없이도 본래 갖고 있는 선천적 역량이라면 능력은 후천적인 노력으로 단련해서 일정한 경지에 이를 수 있는 역량이다. 트럭이나 기차의 화물칸 뒤에 실을 수 있는 화물의 한계 무게를 적재적량(capacity)이라고 한다. 적재적량을 넘어서는 무게를 실으면 무리가 갈 수 있다는 말이다. 이처럼 컨테이너는 자신이 품을 수 있는 콘텐츠의 성격이나 유형을 결정한다. 콘텐츠가 아무리 좋아도 이걸 담아낼 수 있는 컨테이너가 없다면 콘텐츠도 빛을 잃을 수 있다.

컨테이너라는 말을 떠올리면 누구나 항구에 정박한 배에 실려 있거나 배에 실기 위해 대기하고 있는 수출입용 큰 박스를 연상할 것이다. 부산항이나 인천항처럼 항구에 가면 해외로 가는 수출품이나 우리나라로 들어오는 수입품이 담겨 있는 컨테이너 박스를 볼 수 있다. 지금 보면 익숙한 컨테이너 박스지만 이 박스를 세계 최초로 개발, 세계 경제의 새로운 지평을 연 평범한 트럭 운전사가 있다. 2001년도 타계한 미국의 운송 사업가, 맬컴 매클레인(Malcolm Purcell McLean)이 그 주인공이다. 컨테이너 하나로 세계 경제의 콘텐츠를 혁명적으로 바꾼 일대 사건을 일으킨 맬컴 매클레인은 1930년대의 대공황 당시 24세의 트럭 운전수였다. 그가 트럭을 통해 하는 일은 노스캐롤라이나의 Fayetteville에서 뉴저지의 Hoboken에 위치한 부두로 솜뭉치를 싣고 와서 선박을 통해

해외로 운송되도록 도와주는 것이었다. 그는 트럭 운전수라는 직업에 만족했지만 매번 그를 지루하고 때로는 화나게 만드는 일이 있었다. 자신이 싣고 온 솜뭉치를 배에 옮겨 싣기 위해 하역작업을 하는 동안 기다리는 일은 참으로 고역이었다. 트럭에 실린 짐을 지금보다 빠르게 하역할 수만 있다면 더 빨리 노스캐롤라이나로 돌아가서 한 번이라도 더 솜뭉치를 실어나를 수 있을 텐데라는 아쉬움을 느껴본 적이 한두 번이 아니었다.

컨테이너에 자신의 생각, 콘텐츠를 담다

맬컴 매클레인이 더디게 하역하는 짐을 보고 그냥 화만 냈다면 오늘날의 컨테이너는 탄생되지 못했을 것이다. 일상에서 느끼는 불편함과 불만족스러움, 그리고 불안감을 해소하기 위해 아이디어를 구상하는 과정에서 세상을 놀라게 하는 혁신적인 아이디어가 잉태된다. 하역작업에서 느끼는 불편함과 시간이 많이 걸린다는 불만족스러움, 그리고 언제쯤 트럭에 있는 짐을 다 내릴 수 있을지 예측할 수 없는 상태에서 느끼는 불안감은 마침내 맬컴 매클레인으로 하여금 혁신적인 아이디어를 잉태하게 만드는 원동력으로 작용했다. 솜 꾸러미들을 하나씩 개별적으로 옮기지 않고 "아예 내 트레일러,

즉 트럭의 짐칸을 통째로 싣는 게 낫지 않을까? 그렇게 된다면 지금보다 훨씬 빨리 하역작업을 할 수 있을 텐데." 이렇게 품었던 불온한 생각이 오늘날의 컨테이너를 탄생시키는 원동력이 되었다. 맬컴 매클레인의 불만으로 시작된 구상은 마침내 현실이 되었다. 모든 물건을 개별적으로 하역해서 배에 옮겼던 방법은 컨테이너의 발명으로 물류 혁신의 기반을 마련했고 국가 간 혁신적인 글로벌 무역거래를 가능케 했다.

맬컴 매클레인은 컨테이너에 관한 아이디어를 1937년, 그의 나이 24세에 생각해냈지만 1956년 4월 26일에 19년 전에 떠올린 아이디어를 실행에 옮겼다. 트럭 운전수였던 그는 운송회사를 만들어서 뉴욕 시티은행의 부사장으로부터 돈을 빌려 본격적인 컨테이너 사업에 발을 들여놓았다. 다름 아닌 배의 갑판에 쇠로 된 박스들을 만들어 컨테이너가 쌓일 수 있도록 디자인하는 일을 시작한 것이다. 많은 사람들이 그가 미쳤다고 생각했다. 본래 혁신적인 생각을 품은 사람은 혁신적이지 않은 불특정 다수의 사람들로부터 언제나 비난과 저항, 조소와 조롱을 한몸에 받으며 비정상적이라고 놀림을 받거나 몰상식하다고 따가운 눈초리를 받는다. "합리적인 사람은 자신을 세상에 맞춘다. 비합리적인 사람은 세상을 자신에게 맞추려고 애쓴다. 따라서 진보는 전적으로 비합리적인 사람에게 달려 있다." 아일랜드의 극작가 겸 소설가인 조지 버나드 쇼(George Bernard Shaw)의 말이다. 혁신적인 생각을 품고 있는 사람은 언제나 비정상적이다. 비정상적인 사람이 원래 그렇고 당연하며 물론 그렇다고 생각하는 정상적인 생각에 물음표를 던져 시비를 걸면서 비정상적인 사유와 행동을 보이기 때문이다.

혁신은 용기(容器, container)를 깨부수는 용기(勇氣, courage)다
우여곡절 끝에 맬컴 매클레인의 첫 번째 컨테이너 배인 Ideal X는 Newark 부두의 마쉬가(街) 154번 하역장에서 58개의 잘 채워진 박스들을 싣고 첫 출항을 하였다. 이것이 컨테이너 시대의 개막을 알리는 상징적인 사건이었다. 복잡한 하역 시스템을 컨테이너 아이디어로 단순화시켰을 뿐만 아니라 하역 시스템의 효율성을 극대화시키는 역사적 전기를 마련한 것이다. 컨테이너를 매개로 하역 시스템을 체계화시키는 과정을 컨테이너리제이션(containerization)이라고 한다. 개별적 상품으로 포장해서 저마다 다른 크기로 트럭에 실려 배로 하역 작업 하던 과정이 바껴 아예 처음부터 다양한 상품을 표준화된 컨테이너에 담아서 밀봉하여 항구로 보내면, 대형 크레인으로 컨테이너를 배 위에 차곡차곡 쌓는다. 대형 크레인 한

컨테이너를 바꾸어 컨테츠도 살아난다

대가 수많은 사람들의 노동력을 대체하는 효과를 가져왔음은 물론 하역 속도도 증가시켰다. 1965년에는 화물을 시간당 1.7톤밖에 배에 실을 수 없었지만, 그 5년 뒤에는 시간당 30톤을 실을 수 있었다. 더불어서 화물의 손상과 분실은 물론 도난 사고도 급격히 줄어들었다. 《The Box: 컨테이너 역사를 통해 본 세계경제학》[51]에 따르면 컨테이너의 등장으로 도난율이 급격히 감소하자 만세를 부른 곳은 엉뚱하게도 보험사였다고 한다. 약 95%의 화물 도난율 하락은 해상적하보험료 하락에도 큰 영향을 준 것이다.

초기 산업혁명의 역사에서도 보여주었던 바와 같이 기계의 도입으로 노동력 절감은 가져왔지만 노동자들의 일감을 절감시키는 역기능적 효과에 저항하는 반대 움직임이 있었다. 맬컴 매클레인의 컨테이너 도입으로 당장 피해를 보는 계층

> "
> 용기(容器, container)를 깨뜨리는
> 용기(勇氣, courage)가 혁신을 부른다
> "

은 다름 아닌 부두에서 하역작업을 하던 노동자들이었다. 혁신은 언제나 저항을 극복하는 과정에서 탄생하는 고통스러운 역사적 사건이다. 혁신가 입장에서 보면 엄청난 비능률적인 과정이지만 당사자 입장에서는 생계가 걸린 삶의 현장이다. 누군가 아이디어를 냈는데 아무도 반대하지 않거나 저항하지 않으면 진정한 아이디어가 아니다. 세상의 모든 아이디어는 처음에 몰상식한 생각으로 치부받기 쉽다. 몰상식한 아이디어는 상식적인 사람들의 숱한 저항을 뚫고 마침내 세상의 상식이 되고 그 상식은 다시 식상해지기 시작한다. 식상한 아이디어에 문제를 제기하는 몰상식한 사람이 바로 세상을 뒤집는 혁신적인 사람이다. 컨테이너 도입은 부두에서 하역작업을 하던 사람들의 생계를 위협하는 일대 사건이 아닐 수 없었다. 컨테이너를 사용하면서 자신들이 하던 노동력을 대체하기 시작했고 결국 부두 노동자들의 일감이 절감되면서 삶을 위협하는 사건을 야기하기도 했다. 하지만 상식에 호소하며 혁신에 반대하던 사람의 저항을 물리치고 마침내 컨테이너 혁명은 성공했다. 맬컴 매클레인이 성공할 수 있었던 원동력은 기존의 틀에 박힌 사고의 용기(容器)를 깨뜨릴 수 있는 과감한 용기(勇氣)였다. "세상에서 가장 단단한 것 세 가지가 있는데, 첫째는 다이아몬드, 둘째는 강철, 셋째는 자신에 대한 인식이다." 벤자민 프랭클린의 말이다. 그만큼 인간의 인식은 다이아몬드나 강철처럼 깨부수기 어려울 정도로 단단하다는 것이다. 맬컴 매클레인은 하역작업에 관한 인간의 인식을 깨부수는 용기 있는 혁신가였다.

혁신의 실패는 혁신적인 아이디어의 설득과정에서 발생한다

"혁신의 실패는 혁신적인 아이디어의 부족이 아니라 혁신적인 아이디어를 설득하는 과정에서 기인한다."

《상식파괴자》[52]의 저자로 미국 에모리대학교에서 정신의학과 경제학을 가르치는 저명 뇌과학자 겸 신경경제학 교수 그레고리 번스(Gregory Berns)의 말이다. 컨테이너 도입에 대해 처음에는 반발도 있었지만, 점차 그 효율을 깨닫게 되면서 20세기 후반에는 모든 해운의 90% 이상이 컨테이너를 사용하게 되었다. 세계 무역이 활성화되는 전환기를 마련한 컨테이너, 단순한 박스의 도입이 아니라 무역혁명의 원동력을 마련한 진정한 혁신이 아닐 수 없다. 하역 노동자들의 심각한 반대와 저항에도 불구하고 컨테이너 혁명이 결국 성공을 거둘 수 있었던 가장 중요한 요인은 혁신적인 아이디어로 피해를 보는 하역 노동자들의 아픔과 슬픔을 어루만져 주는 혁신 주도자의 측은지심(惻隱之心)에 있었다. 생계를 위협하는 컨테이너의 효율성만 보고 밀어붙였다면 과연 오늘날과 같은 세계 경제혁명의 전기를 마련할 수 있었을까. 수송 회사들이 노동자들의 아픔을 마치 자신의 아픔처럼 생각하고 그들의 아픔을 해소하기 위한 펀드를 조성, 일자리를 잃은 인부들에게 보상을 해주는 시스템을 도입하지 않았다면 컨테이너 혁명이 성공할 수 있었을지는 의문이다. 혁신으로 혜택을 보는 사람들의 이익을 계산하는 논리적인 안목도 중요하지만 혁신으로 피해를 보는 사람들의 심각한 손해를 가슴으로 생각하는 역지사지의 안목이 더 중요하다. 머리로는 이해는 가지만 와닿지 않는 옳은 이야기에 사람들은 고개를 끄덕이지만 뒤돌아서면 극심한 반대 입장을 보이는 경우가 많다. 혁신은 옳은 이야기만으로는 성공할 수 없다. 혁신으로 혜택을 보는 사람은 물론 심각한 피해를 보는 사람들의 아픔을 어루만져주는 먹히는 이야기가 세상을 바꾸는 혁신으로 남게 만든다.

상품과 작품
: 상품은 소모품이지만 작품은 소장품이다

당신은 상품개발에 한눈팝니까,
작품개발에 몰두합니까?

　시장은 상품을 개발하는 사람보다 작품을 개발하는 사람이 지배하고 이끌어간다. 상품은 사용할수록 소모품으로 전락하지만 작품은 사용할수록 작품개발자의 철학과 열정에 물들면서 명품으로 격상한다. 하지만 '명품'도 밖에서 찾으면 '반품'할 수 없는 '소품'으로 전락한다. 프랑스 철학자 들뢰즈에 따르면 사물의 재배치가 사람의 욕망을 부추긴다고 한다. 욕망이 없었는데 '상품' 디자인의 재배치가 '상품'을 사고 싶은 욕망을 자극한다는 주장이다. 누구나 갖고 싶어 하는 '명품'은 주로 밖에 있다. 내가 만든 '작품'이 아니라 다른 사람이 만든 '상품'이다. '작품'은 창작자의 열정과 철학, 혼과 마음이

고스란히 들어가 있다. 그래서 '작품'은 창작자의 컬러와 향기가 묻어난다. 이에 반해서 '상품'은 고객의 욕망을 자극해서 많이 팔기 위해서 만든다. 고객의 사고 싶은 욕구와 욕망을 최대한 자극해야 한다. '상품'은 그래서 '신상품'으로 끊임없이 대체된다. '상품'에 철학이 담기고 쉽게 모방할 수 없는 컬러가 담기면 '명품'이 된다. '명품'은 '상품'처럼 쉽게 탄생되지 않는다. '명품'은 사람을 욕망을 끄는 특이하면서 고유한 철학을 담고 있다. 그러나 내가 만들지 않은 '명품'은 소유와 과시의 대상일 뿐 나의 철학과 혼과 열정을 담고 있지 않다. '명품'은 '밖'에 있지 않고 '안'에 있다. '안'에서 빛나는 '명품'일수록 오래가고 그 사람만의 그윽한 '향기'가 은은하게 퍼진다. '명품'을 '발품' 팔아서 밖에서 찾으면 '반품'할 수 없는 '거품'과 '소품' 인생이 될 수 있지만 '명품'을 자신의 '성품'과 '인품'에서 찾으면 누구도 갖고 있지 않는 자신만의 '작품'을 만들어 '기품'을 발휘한다.

  자기만의 '명품'은 하루아침에 탄생하지 않는다. 매일매일 하루도 쉬지 않고 자신만의 컬러를 가꾸어 나가다보면 어느 순간 자신의 '명품'이 빛을 발하기 시작한다. 일단 빛을 발하기 시작한 '명품'은 하찮은 세류와 세파에도 아랑곳하지 않고 세상의 어둠을 밝힐 수 있는 등불이 된다. 내 '명품'은 그 어떤 '상품'이나 '작품'하고도 비교되지 않는 내면의 향기다. 자기만이 낼 수 있는 향기는 그 어떤 곳에서도 찾을 수 없다. 눈을 안으로 돌려 나만의 향기를 낼 수 있는 나만의 컬러, 나의 '명품'을 개발하고 있는지 내 안을 들여다보자. 답은 밖에 있지 않고 안에 있다. 나는 명품을 밖에서 찾고 있는가, 아니면 내 안에서 찾고 있는가? 명품을 소유의 대상으로 생각하는가, 아니면 개발의 대상으로 생각하는가? 나만의 작품을 명품으로 만들기 위해서 지금 나는 어떤 노력을 전개하고 있는가? 나의 작품에 담고 싶은 철학은 무엇인가? 다른 작품과 구분되는 내 작품의 독창적인 컬러와 향기는 무엇이라고 생각하는가? 이런 질문에 대답하기 위한 한 가지 방법으로 자신만의 독창적인 스타일을 창조한 코코 샤넬과 건축가로서 누구도 흉내내기 어려운 독창적인 작품을 남긴 르 코르뷔지에의 삶을 들여다본다.

'내가 곧 스타일이다', 가브리엘 '코코' 샤넬의 혁신

'샤넬(Chanel)' 하면 떠오르는 이미지는 사람마다 다르겠지만 검은색 퀼팅 샤넬 백과 블랙 미니 드레스, 그리고 입기 편한 트위드 재킷과 샤넬 No.5 향수다. 세계인이 소유하고 싶은 욕망을 자극하는 명품의 표면만 보지 말고 우리는 가브리엘 '코코' 샤넬(Gabrielle 'Coco' Chanel)이 꿈꾼 혁명의 이면을 들여다볼 필요가 있다. 그 이면에는 시대를 거슬러 올라가며 반항을 꿈꾸었던 샤넬의 야망이 숨어 있기 때문이다. "원천(源泉)에 가 닿기 위해서는 흐름을 거슬러 올라가야만 한다. 흐름을 타고 내려가는 것은 쓰레기뿐이다." 폴란드 시인, 즈비그니에프 헤르베르트의 말이다. 샤넬도 한 시대를 풍미하는 패션의 흐름을 거슬러 올라가 패션의 원천, 패션의 근본을 파고들어갔다. 왜 그녀가 만든 의상과 가방, 그리고 향수가 사람들의 주목을 끌면서 단순한 패션 디자이너를 넘어 패션 이노베이터(Fashion Innovator)로 자리매김하게 되었을까? 시대의 흐름을 거슬러 올라가려는 그녀의 혁신적인 디자인 마인드와 용기 있는 결단을 들여다본다.

한 시대의 흐름을 갈랐던 대부분의 대가들은 불우한 유년 시절과 극심한 청춘의 방황을 경험했다. 그 시절 겪었던 마음의 상처와 몸에 각인된 색다른 체험의 얼룩이 아름다운 창작의 무늬로 변신한다. 샤넬도 마찬가지로 불우한 성장 과정을 딛고 세상의 상식에 도전하는 원동력을 얻었다. 1883년 프랑스 남서부의 소뮈르(Saumur)의 가난한 집안에서 태어난 샤넬은 12세에 어머니와 영원히 작별하고 일찍부터 수도원에서 운영하는 보육원에서 자랐다. 보육원에서 배운 바느질 기술이 훗날 샤넬이 패션업으로 세상을 놀라게 한 근간이 되었다고 한다. 어린 시절 부모님께 받은 마음의 상처가 가라앉기도 전에 보육원을 나와 술집을 전전하며 노래를 부르면서 우여곡절과 파란만장이라는 말에 어울리는 다양한 인생의 궤적을 살아왔다. 샤넬이야말로 '역경'을 뒤집어 그 누구도 흉내 낼 수 없는 자신만의 '경력'을 만든 주인공이다. 불우했던 어린 시절, 자신의 몸에 각인된 트라우마를 범접할 수 없는 카리스마로 바꿔낸 힘은 바로 한 순간도 멈추지 않고 "무엇과도 바꿀 수 없는 존재가 되려면, 늘 달라야 한다."는 샤넬의 디자인철학이 아닐까. "난 내 삶을 창조한다. 이전의 삶이 싫었기 때문에." 이는 그녀가 자신만의 삶을 창조할 수 있었던 비결이기도 하다.

1910년대 당시 여성들에게 난공불락처럼 불문율로 통하던 패션은 '코르셋을 이용해 잘록한 허리와 풍만한 엉덩이'를 강조하는 스타일이었다. 파란을 일으키는 혁신은 언제나 불문율을 깨려는 도전과 용기에서 시작된다. 샤넬은 옷을 입는 근본적인 이유는 남에게 보여주기 위한 장식, 즉 옷에 구속되는 것이 아니라 옷에서 나를 해방시켜주는 데 있다고 생각했다. 그녀는 언제나 "패션은 단순한 옷의 문제가 아니라 라이프 스타일의 창조이자 혁명"이라고 주장했다. 그녀가 몸

생품은 소멸품이지만 작품은 소장품이다.

의 곡선을 드러내기 위해 자신의 몸을 조이는 코르셋에서 몸의 곡선을 드러내지 않고 약간 여유 있으면서도 편안한 트위드 수트를 디자인한 것도 패션에 대한 그녀의 일관된 신념 덕분이었다. 옷을 입어서 옷에 구속된 여성들의 불편한 삶을 옷을 입음으로써 잃어버렸던 일상의 자유를 복권시켜준 것이다. 트위드 수트를 입고 여성들은 자연스럽게 거리를 활보할 수 있었고 활동의 자유를 만끽할 수 있었다.

　이외에도 상복(喪服)이나 점원들이 입는 블랙 드레스에 대한 고정관념을 파기하고 1926년 리틀 블랙 드레스(little black dress)를 발표하는 샤넬의 도발적 용기는 여기서 멈추지 않고 계속되었다. 그녀는 땅에 끌리던 긴 치마에서 일명 샤넬라인이라고 하는 무릎 밑 5~10cm까지 올라간 치마를 통해 옷의 구속으로부터 여성들을 해방시켜주었다. 1930년대 남성들의 전유물이었던 운동복용 옷감 '저지(jersey)'를 혁신적으로 활용하여 여성들의 평상복을 처음으로 디자인함으로써 옷 입는 시간도 단축하고 남성우월주의에 저항하는 혁신적 패션 스타일도 창조하였다. 샤넬은 언제나 패션 스타일에 지치지 않는 자기만의 열정(passion)을 담아냈다. 열정(passion) 없는 패션(fashion)은 참을 수 없는 가벼운 유행으로 전락할 수 있고, 패션 없는 열정은 무모한 도전으로 추락할 수 있다. 열정(passion)과 패션(fashion)이 조화롭게 융합될 때 단순히 유행을 창조하는 패션 디자이너를 넘어서 패션 이노베이터로 거듭날 수 있다. 바로 샤넬이 패션 이노베이터의 전형이 아닐 수 없다.

　가방의 역사는 샤넬의 디자인 이전과 이후로 나뉜다고 해도 과언이 아닐 정도로 샤넬의 혁신적 디자인은 의상에 이어 가방에도 적용되었다. 1929년 숄더백이 등장하면서 여성들의 손을 가방에서 해방시켰다. 그 전에 여성들은 외출할 때 클러치 백이나 도로시백(가방을 허리에 묶는 형태)을 항상 손으로 들고 다녀야만 했다. 다른 용도로 움직이고 싶은 손의 욕망을 포착한 샤넬은 가방을 어깨에 멜 수 있는 숄더백을 여성들이 갖고 다니면서 가방에 묶여 있던 두 손을 해방시켜 주었다. 가방에 묶여 있던 두 손으로 남성들의 전유물이었던 자전거나 오토바이도 탈 수 있게 되었고, 거리를 활보하면서 한 손으로 과감하게 담배도 피울 수 있게 되었다. 가방에서 해방된 손은 단순한 손의 해방이 아니라 여성들의 삶의 혁명이었으며 일상의 구속으로부터 풀려난 해방이었다. 샤넬은 말한다. "일부러 혁명을 일으키고자 했던 것은 아니다. 왜 한 가지 방식으로만 해야 하고, 다른 방식으로 하면 안 되는지 알고 싶었을 뿐"이라고. 그래서 그녀는 늘 일상에서 보고 느낀 점을 남다른 관심과 애정으로 집요하게 파고들었고 거기서 세상의 흐름을 뒤집는 역발상의 혁신적 아이디어를 끄집어낼 수 있었다.

누구나 갖고 싶어 하는 '명품'은 주로 밖에 있다. 내가 만든 '작품'이 아니라 다른 사람이 만든 '상품'이다. '작품'은 창작자의 열정과 철학, 혼과 마음이 고스란히 들어가 있다. 그래서 '작품'은 창작자의 컬러와 향기가 묻어난다. 샤넬은 말한다. "패션은 사라지지만 스타일은 그대로 남는다"고. 스타일은 자기만의 독창적인 컬러다. 남다름을 추구하지 않고 색다름을 추구한 샤넬은 저절로 남달라졌다. 누구도 흉내 낼 수 없는 자기만의 작품을 만들어낸 것이다. 샤넬의 삶과 열정과 철학이 고스란히 담긴 작품이 시대가 바뀌어도 사람들의 뇌리와 폐부에 명품으로 남아 있는 이유다. '명품'은 '밖'에 있지 않고 '안'에 있다. 샤넬의 작품 속에서 샤넬의 기품이 살아 움직이지 않는가. 그래서 이 명언은 시대가 변해도 변하지 않는다. "내가 바로 스타일이다."

현대 건축의 아버지, 르 코르뷔지에의 삶 조명

2017년 3월말 예술의 전당에서 막을 내린 한 전시회의 제목은 〈현대 건축의 아버지, 4평의 기적〉이었다. 현대 건축의 아버지가 우리에게 남긴 4평의 기적이라는 말이 우선 어울리지 않는다. 호기심을 갖고 찾아보았다. 현대 건축의 아버지로 불리는 사람이 인생의 마지막에 머물렀던 오두막집이 4평이었다고 한다. 아마 4평 정도면 얼마든지 행복하게 살 수 있다는 건축의 본질을 전하고 싶었던 것이 아닐까. 많은 사람들이 세상의 모든 휴대폰은 혁신적인 아이폰과 아이폰이 아닌 평범한 폰으로 구분한다. 마찬가지로 세상의 모든 건축은 그가 태어나기 전의 건축과 탄생 이후의 건축으로 나뉠 정도로 건축사의 새로운 지평을 연 혁신적 건축가가 있다. 건축을 말할 때 왜 항상 이 사람을 떠올리는 것일까. 그가 제시한 혁신적 건축사상은 그가 세상을 떠난 지 반세기가 넘었어도 여전히 인구에 회자되고 있다. 그만큼 그의 건축가적 사유의 폭과 깊이가 남다르기 때문이며 건축가적 논쟁의 중심에는 언제나 그의 사랑이 자리 잡고 있기 때문이다. 시대에 반하는 색다른 상상력으로 상식과 타성의 덫에 걸려 살아가는 사람들에게 그는 언제나 새로운 사유의 샘물로 일상에서 비상하는 상상력의 힘을 보여주었다.

그가 바로 르 코르뷔지에(Le Corbusier, 1887~1965)다. 그는 스위스 태생의 프랑스 건축가이자 작가이며 도시 계획가이자 화가, 그리고 조각가이자 가구 디자이너였다. 그는 무엇보다도 대규모 공동주택을 최초로 개발한 20세기 건축 혁신가의 상징이자 아파트의 아버지다. 〈타임〉지 선정 20세기를 빛낸 100인에 건축가로는 유일하게 이름을 올렸다는 점을 봐도 그가 얼마나 건축 분야에 혁신적인 업적을 남겼는지를 알 수 있다. 과연 그는 어떤 혁신적인 작품으로 건축사에 족적을 남긴 것일까. 당연하다고 생각하는 기존의 방식에 문제를 제기하고 이전과 전혀 다른 대안을 제시할 때 혁신은 일상에서 발현된다.

  르 코르뷔지에는 바로 건축 분야의 딕 포스베리다. 높이뛰기 선수로 약칭 딕 포스베리로 불리는 리처드 더글라스 포스베리(Richard Douglas Fosbury)는 세계 최초로 몸의 무게 중심을 뒤에 두는 배면뛰기 방식으로 인간의 한계로 생각했던 2m를 넘어 2m 24cm 높이를 뛰어넘었다. 같은 맥락에서 르 코르뷔지에는 기존 건축가적 발상에 비정상적인 방법으로 문제를 제기하면서 이제껏 볼 수 없었던 색다른 건축적 대안을 제시하는 건축계의 이단아라고 볼 수 있다. 지금 우리 모두가 너무 당연하게 살고 있는 주거 양식 중에 아파트가 있다. 1952년 프랑스 남동부의 항만도시 마르세유에 당시로서는 상상하기 어려운 이상한 콘크리트 건물이 등장했다. 이 콘크리트 건물이 바로 오늘날 대부분의 사람들이 주거하는 아파트의 시초이자 주상복합건물의 효시라고 볼 수 있는 유니테 다비타시옹(Unit d'Habitation)이다. 프랑스어로 '큰 주거 건물'을 뜻하는 이 아파트는 기존 건축양식과 판이하게 다른, 그야말로 혁신적이고 도전적인 건축양식의 표상이었다. 유니테 다비타시옹은 르 코르뷔지에의 인간 중심의 건축 철학이 집대성된 작품이다. 프랑스는 2차 세계 대전 이후 폐허가 되다시피 한 파리에서 밀려나 살아가는 서민들의 처참한 삶을 눈뜨고 볼 수만은 없었다. 어떻게 하면 이들에게 인간적인 삶을 누릴 수 있는 주거 공간을 마련해줄까 고심 끝에 나온 작품이 바로 대규모 공동주택 양식을 띠는 오늘날의 아파트다. 언제나 혁신은 시대정신의 산물이다. 한 시대가 겪고 있는 아픔을 포착한 사람이 자신이 그동안 축적한 삶에 대한 철학으로 시대의 아픔을 치유하기 위해 궁리에 궁리를 거듭, 마침내 세상을 새로운 세계로 이끌어가는 혁신적 대안을 제시한다. 하지만 언제나 혁신적인 아이디어는 세상 사람들의 비난과 저항, 조소와 조롱에 부딪혀 난파당하다 마침내 세상의 상식으로 받아들여진다. 이는 대부분의 사람들이 집단적으로 거주하는 오늘날의 아파트 개념이 탄생된 배경이기도 하다. 유니테 다비타시옹은 지난 7월엔 유네스코 세계문화유산에 등재됐다.

유니테 다비타시옹을 제시했던 당시만 해도 건축계의 주류는 화려한 형식미와 장식적인 기능미를 앞세운 '에콜 데 보자르' 출신이 주름잡고 있었다. '에콜 데 보자르'는 화가, 조각가, 건축가를 위한 목적으로 하여 설립된 프랑스의 전통에 빛나는 미술교육기관이다. 한마디로 사람을 위한 건축, 삶의 편안함과 안락함을 주는 기능적 건축양식이 아니라 겉으로 보기에 화려하고 아름다운 치장이 주류를 이루던 시대에

> "
> 시장은 상품을 개발하는 사람보다
> 작품을 개발하는 사람이 지배한다
> "

르 코르뷔지에의 유니테 다비타시옹은 건축사에 한 획을 긋는 혁명적인 사건이 아닐 수 없다. 건물 1층을 철근과 콘크리트로 구성된 필로티(거대 기둥)로 만들어 지중해의 고온다습한 바람이 통과하도록 설계해서 일반 대중에게 개방한 점이나 투박한 남성미를 과시하듯 거친 콘크리트 표면으로 마감한 것도 당시의 건축미와 거꾸로 가는 혁신적인 시도였다. 주류 양식이 지배하던 기존 건축계에 투박하고 단순하면서 난생처음 보는 공동주택 개념의 건축양식을 제안한 것은 혁신을 넘어 혁명이자 반란이라고 볼 수 있다. 건축비평가들은 르 코르뷔지에가 선보인 콘크리트 건물은 건축에 대한 도전을 넘어 모독이라는 의견을 제시하기도 했다. 심지어 당시의 건축계는 유니테 다비타시옹을 '미친 건물'이라고 비난하고 건물 철거 소송까지 벌인 적도 있다.

르 코르뷔지에가 세상의 반대에도 불구하고 자신의 건축

철학을 굽히지 않고 일관되게 추진한 원동력은 건축에 대한 남다른 신념 덕분이다. 그는 집은 살기 위한 도구라고 규정, 보다 많은 사람들이 더 효율적인 공간에서 더불어 행복하게 살 수 있는 기능을 갖춰야 한다고 주장한다. 건축에 대한 그의 이러한 신념은 건축 본래의 기능적 본질과 관계없이 외형적으로 화려한 장식미만 추구하던 당시의 건축사조에 불만을 품고, "건축의 목적은 사람을 감동하게 하는 데 있다."라고 주장했다. "삶 자체가 하나의 건축이다. 모든 것은 결국 사라지고 만다. 전해지는 것은 사유(思惟)뿐이다."라는 그의 말처럼 그는 세상을 떠났지만 세상의 아픔을 품으려는 따뜻한 인간적인 건축철학은 하나의 사유로 우리들의 가슴을 오랫동안 적실 것이다. 한참 활동할 나이에 운명을 다한 가수 김광석의 몸은 갔지만 그의 영혼이 담긴 노래가 아직도 인구에 회자되는 것처럼 건축의 새로운 역사를 창조한 르 코르뷔지에 역시 삶을 통해 담아내려고 했던 치열한 건축철학과 사유는 시간과 더불어 우리들의 영혼을 울릴 것이다.

에필로그 전에 생각하는 좋은 질문이란?

8방 미인형 질문의 연금술사가 되는 방법

 나는 내가 던지는 질문이다. 나를 바꾸는 방법은 어제와 다른 질문을 던져 놓고 그 답을 찾기 위해 탐구하는 공부를 멈추지 않는 것이다. 가던 길을 멈춰 서서 생각하는 어제와 다른 질문이라야 색다른 사유를 잉태하는 촉발점이 된다. 질문의 연금술사가 되는 길은 익숙한 일상, 당연함의 늪에 갇혀 살아가는 습관적인 삶에서 벗어나 비상하는 날개를 펼쳐 날아갈 수 있도록 상상력을 자극하는 질문을 던지는 것이다.

 Question의 첫 번째 'Q'는 틀에 박힌 '질문을 그만두기(Quitting inertia Question)'라는 의미다. 틀에 박힌 생각을 멈추게 하는 '색다른 질문'을 던지지 않으면 타성의 늪에 갇혀 평생을 관성대로 살아간다. 틀에 박힌 생각은 틀에 박힌 질문이 낳은 자식이다. 고정관념에 갇혀 사는 식상한 상식에 몰상식한 질문을 던져야 식상한 상식을 벗어나는 색다른 지식이 탄생된다. 예를 들면 "소나무는 침엽수인가요? 활엽수인가요?"라는 질문은 틀에 박힌 질문이다. 이런 질문을 그만두고 "침엽수인

8방 미인형 질문의 연금술사가 되는 방법 2023@Kecologist

소나무를 생각하는 시인과 생태학자의 차이는 무엇인가요?"라는 질문은 동일한 소나무를 바라보는 관점의 차이를 물어보는 질문이다. 틀에 박힌 질문에서 벗어나지 못하는 이유는 습관적으로 연상장벽에 갇혀 살기 때문이다. 예를 들면 빗자루를 생각하면 청소가 생각나는 이유다. 하지만 아이들에게 빗자루는 청소와 연상되지 않고 놀이도구로 연상된다는 점에서 어른들보다 연상장애에서 쉽게 벗어날 수 있다.

Question의 두 번째 'U'는 '기대를 저버리는 질문(Unexpected Question)'이라는 의미를 담고있다. 기대를 망가뜨리는 '최초의 질문'을 던져야 사람들의 주목을 받고 이목을 끌 수 있다. 기존 지식에서 도출된 기대에 부응하는 질문을 던지면 기대에 상응하는 답변을 내놓는다. 아무도 주목하지 않고 사람들을 재미있게 만들 수도 없다. 유머는 기대가 망가졌을 때, 기대를 저버리는 답을 유도하는 질문에서 비롯된다. 예를 들면 "사과 10개 중에 세 개 먹으면 몇 개 남는가?"라는 질문에 "세 개 남는다. 왜냐하면 먹는 게 남는 거니까."라는 대답은 기대했던 7개를 저버리는 대답이다. 논리적 사유 끝에 가장 정확한 답이라고 기대했던 답은 정답일 수 있지만, 사람을 웃음짓게 만드는 답은 아니다. 기대했던 답과는 전혀 다른 가능성의 문이 열릴 때 인식의 지평도 함께 열린다.

Question의 세 번째 'E'는 새로운 세계를 '탐색하는 질문(Exploring Question)'을 지칭한다. 미지의 세계로 인도하는 '낯선 질문'을 던져야 이전에 열리지 않았던 낯선 관문도 열린다. 질문은 몰랐던 세계로 인도해서 앎을 만들어내는 공부의 촉매제이자 새로운 도전을 부추기는 탐구의 서곡이다. 예를 들면 "지식융합과 용접은 무슨 관계인가요."라는 질문을 살펴보자. 융합은 이질적 지식을 뒤섞어서 화학반응을 일으키는 새로운 지식창조 여정이다. 용접이 이질적 철판을 녹여 새로운 작품을 만들어 내듯 지식융합은 관계없다고 생각되는 두 가지 지식 분야를 하나로 뒤섞는 가운데 새로운 지식이 창조되는 과정이다. 철판을 녹여서 붙이는 용접 분야와 이질적 지식을 조합해서 새로운 지식을 창조하는 지식융합 분야는 근본적으로 함께 학회를 개최할 수 없는 이질적 분야다. 질문은 탐색을 통해 새로운 가능성의 텃밭을 일궈나가는 탐문(探問) 또는 시추(試錐)나 마찬가지다.

Question의 네 번째 'S'는 '구체적인 질문(Specific Question)'을 의미한다. 무엇을 물어보는지 알 수 있는 '구체적인 질문'을 던지지 않으면 모호한 답이 나올 수밖에 없다. 질문을 통해서 얻으려는 의도와 의미가 무엇인지를 질문을 던지는 사람이 분명한 이미지를 갖고 있지 않으면 질문을 받는 사람도 어떤 답을 해야 될지 막연하게 느낀다. 애매모호한 질문은 두리뭉실한 답변을 낳을 수밖에 없다. 질문을 통해서 얻고 싶은 답의 방향과 성격을 정확하게 규정하지 않으면 질문 자체가 목적의식과 방향감을 잃어버린다. 예를 들면 "베스트셀러의 공통점은 무엇인가?"라는 질문은 시대별로 다른 답이 나올 수 있는 너무 일반적이고 모호한 질문이다. "2000년 이후 베스트셀러가 된 책의 공통점은 무엇인지 10년 주기로 부각된 주목할 만한 포인트는 무엇인가?"라고 질문하면 보다 선명한 대답을 얻을 수 있다.

Question의 다섯 번째 'T'는 막혔던 '물꼬를 터는 도움닫기 질문(Triggering Question)'을 상징한다. 막혔던 사유나 풀리지 않았던 문제가 얽힌 실타래가 갑자기 풀리는 것처럼 어느 순간 해결되는 순간은 새로운 돌파구를 마련하는 도발적 질문 덕분이다. 이런 경우 늘 던지던 질문의 방향을 바꿔서 던지면 의외로 생각지도 못했던 대안이 부각되기도 한다. 질문이 틀리면 원하는 답을 얻을 수 없다. 예를 들면 수년에 걸쳐 수사를 해도 잡지 못했던 범인을 다른 질문을 던지는 순간, 새로운 실마리를 잡을 수 있다. "범인의 거처를 찾지 말고 범인의 애인을 찾아보는 건 어떨까?"라는 제안형 질문에 갑자기 수사는 급진전되다 마침내 애인의 주소를 찾아냈다. 범인은 바로 애인 곁에 있었다. 초점을 두고 집중하던 영역에서 방향을 바꿔 다른 쪽 탐구를 유도하는 질문을 던질 때 막혔던 가능성의 문도 새롭게 열린다.

Question의 여섯 번째 'I'는 영감을 불러일으키는 '놀라운 질문(Inspiring Question)'을 의미한다. 질문은 잠자고 있던 영혼을 흔들어 깨우는 각성제다. 사실 모든 질문은 내가 생각하는 방향이 맞는지, 내가 옳다고 믿는 신념이 아직 통용되는 가치관인지를 의심해보게 하고 이전과 다른 생각을 잉태하게 만들어주는 출발점으로 작용한다. 영감은 앉아서 무조건 생각을 오래한다고 생기지 않는다. 직접 몸을 움직여 이리저리 시도하다 보면 이전과 다른 방법이 부각될 때 색다른 통찰력도 생기는 법이다. 그 순간 전혀 생각하지 못했던 새로운 질문도 더불어 떠오르는 법이다. 영감이 질문을 불러오기도 하지만 오히려 질문이 영감을 가로막는 경우도 비일비재하다. 질문이 생각의 방향을 규제하기 때문이다. 영감을 불러일으키는 질문은 당연함을 부정할 때 많이 생긴다. 예를 들면 "선풍기에는 꼭 날개가 있어야 될까?"라는 질문에 다이슨은 모든 선풍기에는 날개가 있다는 가정을 없애고 날개 없는 선풍기를 개발하는 영감을 얻은 것이다.

Question의 일곱 번째 'O'는 틀 밖의 생각을 유도하는 '뜻밖의 질문(Outsight Question)'을 가리킨다. 전공의 벽에 갇혀 내부에서만 통용되거나 익숙한 질문을 던지면 전공 간 경계를 넘나드는 사유를 잉태하기 어렵다. 밖에 나가서 보는 'outsight'가 바뀌지 않으면 안으로 들어가 이전과 다르게 보고 깨닫는 통찰(insight)도 바뀌지 않는다. 마찬가지 맥락에서 질문도 전공 안에서 전공에 갇힌 언어로 질문하면 전공 안에서만 통용되는 익숙한 대답만 양산될 뿐이다. 전혀 관계없다고 생각되는 이질적 분야를 접목, 지금까지 만나지 않았던 낯선 만남이 뜻밖의 질문을 낳는다. 예를 들면 지식경영학과 산부인과학이 만나 지식산부인과학이 탄생하면 지식임신, 지식입덧, 지식자연분만 유도법, 지식낙태수술방지법과 같은 낯선 지식이 잉태된다.

Question의 여덟 번째 'N'은 말도 안 되는 '엉뚱한 질문(Nonsense Question)'을 상징적으로 표현한다. 쓸데없는 질문을 하면 그것도 질문이라고 하냐라고 면박을 주기 일쑤다. 모든 질문은 저마다의 문제의식을 품고 있다. 옳지 않은 질문은 없다. 누가 어떤 관점에서 무슨 기준으로 판단하는지에 따라서 질문의 질적 수준이 결정된다. 다만 질문의 수준을 판단하는 만고불변의 기준은 존재하지 않는다. 예를 들면 딱따구리가 나무를 찍어 집을 만드는 모습을 한 어린 아이가 아빠에게 질문을 던지는 경우를 상상해본다. "아빠 딱따구리가 저렇게 나무를 찍는 데 왜 저 새는 두통을 호소하지 않아?" 딱따구리의 나무 찍기와 두통은 전혀 연결될 것 같지 않은 뜬금없는 조합이 만들어낸 엉뚱한 질문이다.

에필로그

"해답은 질문 속에 있다."
– 영화 〈파인딩 포레스터〉 중에서 –

    2017년 4월 11일 밤 12시 50분 잠깐 졸다가 분당 수서 고속도로에서 운전하던 차가 전복되고 결국 폐차되는 대형 사고를 경험한 적이 있다. 순간적으로 의식을 잃었지만 다행히 119에 어찌 연락이 닿았는지 병원에 입원했다. 얼마나 시간이 흘렀을까? 의식을 회복하고 눈을 떠보니 내 몸은 만신창이가 되었다. 갈비뼈와 팔뼈, 그리고 목뼈까지 심한 통증이 오면서 갑자기 이런 질문을 던졌다. "여기가 어디지?", "내가 왜 여기 와 있지?", "여기 있는 나는 누구지?" 짤막한 세 마디 질문이지만 나의 정체성을 파고드는 질문이었다. 사람은 언제 생각하는가? 스스로에게 자신의 정체성에 관한 본질적인 질문을 던지거나 누군가에게 낯선 질문을 받았을 때 멈칫하며 잠시라도 깊은 생각에 빠진다. 만약 내일 아침에 출근해서 이런 질문을 던져보자. "여기가 어디지?", "내가 왜 여기와 있지?", "여기서 나는 뭐하는 사람이지?" 아니면 오늘 집에 들어가서 이런 질문을 배우자에게 던져보자. "여기가 어디지?", "당신은 왜 여기 와 있어?", "당신은 누구야?" 아마 배우자는 놀래서 치매증상으로 착각할지도 모른다.

"개미 다리는 몇 개입니까?" 이런 질문은 사실 확인에 관한 질문이다. 사실을 알면 금방 대답할 수 있지만 모르면 대답할 수 없는 질문이다. 개미 다리가 6개라는 사실을 알면 그렇게 심각한 생각을 유발하는 질문이 아니다. 마찬가지 질문이지만 조금 난이도가 높은 질문은 "지네 다리는 몇 개입니까?"다. 한 번도 지네 다리가 몇 개인지를 호기심을 갖고 찾아보지 않았기 때문에 아는 사람은 별로 없다. 다만 지네 다리 숫자는 반드시 짝수이고 여러 개라는 사실이다. 그런데 어느 날 개미가 호기심이 생겨서 지네에게 물어보았다. "지네야, 너는 앞으로 걸어갈 때 수많은 다리 중에서 어떤 다리를 가장 먼저 내딛느냐?" 순간 지네는 깜짝 놀라서 급히 가던 걸음을 멈추고 잠시 생각해보았다. 지네가 깜짝 놀란 이유는 지금까지 아무 생각 없이 앞만 보고 걸어다녔기 때문이다. 지네의 바쁜 행보를 멈추게 만든 원동력은 개미가 난생처음 던진 질문이다. 생각 없이 살던 지네도 생각하지 않을 수 없게 만든 계기가 바로 질문에서 비롯된다.

이처럼 호기심을 갖고 질문하는 능력이야말로 인간만이 갖는 고유한 능력이 아닐까. 기계는 대답하지만 인간은 질문한다. 기계도 질문하지만 알고리듬 속에서 질문한다. 딱따구리가 나무를 찍어서 집을 만드는 걸 아이가 아빠에게 질문한다. "아빠. 딱따구리는 저렇게 부리로 나무를 쪼아대는데 왜 두통에 안 걸려?" 아빠는 어이가 없다는 표정을 지으면서 아들에게 면박을 주면서 이렇게 대답한다. "야, 그럼 딱따구리가 고무를 찍겠니? 당연한 걸 갖고 물어보고 그래." 아이는 그 후 더 이상 아빠에게 질문하지 않는다. 프롤로그에서 밝혔듯이 5세 때는 평균 64번 질문하지만 40년이 지난 45세가 되면 질문이 1/10로 줄어든다고 한다. 질문은 줄어들고 늘어나는 단어가 세 가지다. 원래, 물론, 당연이다. 호기심의 물음표는 없어지고 마침표가 찍히기 시작한다. 우리는 어느 순간부터 미국의 작가, 메리 올리버가 《휘파람 부는 사람》[53]에서 이야기했던 "우주가 우리에게 준 두 가지 선물, 사랑하는 힘과 질문하는 능력"을 잃어버리고 있다. 그런데 여기에도 호기심의 질문이 생긴다. 과연 사랑하는 힘과 질문하는 능력은 두 가지 다른 능력일까?

누군가를 사랑하는 사람, 자기 일을 사랑하는 사람의 공통점은 질문이 많다는 점이다. 내가 누군가를 사랑한다면 사랑하는 사람에 대해 온통 질문으로 하루를 보낸다. 집에 잘 들어갔는지, 밤에 추운데 잠은 잘 잤는지, 아침에 제대로 일어나서 밥은 먹고 출근했는지 등 온통 사랑의 질문으로 장식된다. 사랑이 식어가는 시점에 이르면 질문도 없어진다. 그래서 한겨레 신문에 '정희진의 메모'라는 칼럼에서 말했던 작가의 말은 옳다. "사랑의 끝은 질문이 없어진 상태다." 사랑이 식으면 질문도 없어진다. 사랑하는 힘과 질문하는 능력은 두 가지 다른 능력이 아니라 한 가지 능력을 다르게 표현했을 뿐이다. 사랑하는 힘과 질문하는 능력이 같은 능력이라는 점은 어떻게 알 수 있는가? 간단하게 다음 질문을 던져본다. "당신은 직장인입니까, 장인입니까?" 직장인은 월요일 아침 출근할 때 다리가 떨리지만 장인은 심장이 뛴다. 직장인은 자기 일을 사랑하지 않기 때문에 질문이 없어졌다. 틀에 박힌 방식대로 지난주와 다르지 않게 변함없이 일할 생각을 하니 다리가 떨리면서 출근하기 싫어진다. 장인은 자기 일을 조금 더 잘하기 위해서 질문을 멈추지 않는다. 자기 일을 너무 사랑하기 때문에 늘 어제보다 조금 더 잘하기 위해 애를 쓰는 사람이다. 장인에게 직장은 언제나 자신을 설레게 만드는 놀이터다.

 스스로 캐묻지 않으면 묻힌다. "캐묻지 않는 삶은 살 가치가 없다." 소크라테스의 말이다. 호기심을 갖고 파고드는 질문을 던져야 지금과 다른 낯선 세계로 들어가는 새로운 문이 열린다. 질문은 익숙한 세계에서 낯선 세계로 들어가는 관문이다. 질문이 관문(關門)을 바꾼다. 반문(反問)이 마침내 반전(反轉)을 일으킨다. 질문은 당연한 세계에 용기를 갖고 파고들어가는 탐문(探問)의 시작이다. 질문은 익숙한 집단의 소속감에서 벗어나 낯선 세계로 진입하려는 용기 있는 결단이다. 잔잔한 호숫가에 던진 돌멩이의 무게에 따라 호수 위에 생기는 파장의 크기가 달라지듯, 내가 세상을 향해서 던진 질문의 깊이가 내가 도달할 수 있는 앎의 깊이를 결정한다. 질문은 옳다고 믿었던 신념체계도 뒤흔든다. 그동안 내 신념을 정당화해주었던 지식(Knowledge)과 기술(Skill)과 태도(Attitude)를 지칭하는 KSA에 대해서도 문제를 제기하고 뒤집어야 한다. KSA를 뒤집으면 ASK가 되지 않는가? 시공간을 초월해서 언제나 진리로 통용되는 지식과 기술과 태도는 존재하지 않는다. 끊임없이 질문을 던져 탐문하고 탐험해서 또 다른 신념체계를 만들어나가야 한다.

앞으로 우리는 정답을 찾아내는 모범생보다 질문을 던져놓고 미지의 세계에 도전하는 모험생이 되어야 한다. 정형화된 패턴과 매뉴얼에 의존해서 매너리즘에 빠지기보다 답이 없는 딜레마 상황에 뛰어들어 전대미문의 새로운 질문을 던져놓고 다각적으로 시도하며 해결대안을 찾아나서야 한다. 답은 책상머리에서 요리조리 머리를 써서 찾는 게 아니다. 우리가 원하는 답은 현장에 가서 이리저리 몸을 움직여 찾아내야 비로소 그 모습을 드러낸다. 내가 얻고자 하는 답은 내가 던진 질문이 결정한다. 물음표의 성격과 방향이 느낌표의 감동과 감탄을 결정한다. 어제와 다른 질문의 그물을 세상을 향해서 던져놓고 색다른 문제를 제기하며 파란을 일으키는 인재가 바로 모험생이자 문제아다. 우리는 지금 위험함을 무릅쓰고 체험적 통찰력을 쌓아가는 모험생이자 문제아가 되는 길을 걸어가야 한다.

모범생이 늘 친구처럼 데리고 살던 '마침표'가 유언을 남겼다. 마침표는 마지막으로 '물음표'를 보고 싶다고 했다. 작가의 '마침표'에서 독자의 '물음표'가 시작된다. 상식에 갇혀 사는 마침표는 어느 날 몰상식한 물음표에게 일격을 당한 다음 심한 상처를 받았다. '당연'한 '물론'이 '원래' 그렇다고 마침표를 찍었지만 당연하지 않은 '궁금'이 호기심의 물음표를 데리고 나타났다. '당연'과 '물론', '원래' 그런 삼형제가 생각의 교도소에 살다가 호기심의 물음표 덕분에 난생처음 세상 밖으로 나왔다. 세상은 경이로운 기적의 연속이며 놀라운 현상이 상상 속으로 휘몰아친다. 마침표는 더 이상 마치지 못하고 그 어디에도 미치지 못해서 지금도 어딘가에서 방황하고 있다. 그 사이 호기심의 물음표는 세상 밖으로 나와 원래, 물론, 당연에 물음표를 던지며 색다른 관문을 열어가는 삶을 살기 시작했다. 물음표의 그물이 바뀌어야 거기에 걸리는 대답이나 해답도 달라진다.

생각지도 못한 전대미문의 위기가 앞을 가릴 때 우리는 지금까지 던지지 않은 질문을 던져 한 번도 만나보지 못한 가능성의 문을 열어가야 한다. 그것이 최선의 방책이다. 진정한 의미에서 전대미문의 질문이란 기존 질문에 다시 던지는 메타 질문이다. 메타 질문은 질문에 다시 질문을 던지면서 기존 질문에 의문을 품는다. 메타 질문을 던질수록 당연하다고 믿어왔던 기본 가정이나 신념체계를 무너뜨리고 새로운 발상을 시작할 수 있다. 리처드 바크의 《갈매기의 꿈》에 나오는 '높이 나는 새가 멀리 본다'는 표현은 과연 맞는 말일까? 갈매기는 근시라서 멀리 못 본다고 한다. 당연함을 부정하고 기존 질문에도 의문을 품는 메타 질문은 색다른 사고를 잉태할 가능성을 질적으로 바꾸는 촉발점이다.

참고 도서

1. 《질문의 책》, 옮긴이의 말, 파블로 네루다, 정현종 역, 문학동네, 2013
2. 《우울씨의 1일》, 성선설, 함민복, 세계사, 2006
3. 《즐거운 학문, 메시나에서의 전원시, 유고》, p.70, p.72, 프리드리히 니체 저, 안성찬·홍사현 공역, 책세상, 2020
4. 《자기 인생의 철학자들》, p.29, 김지수 저, 어떤 책, 2018
5. 《법정의 얼굴들》, p.9, 박주영 저, 모로, 2021
6. 《기러기》, 메리 올리버 저, 민승남 역, 마음산책, 2021
7. 《글쓰기의 최전선》, p.55, 은유 저, 메멘토, 2022
8. 《나는 지구에 돈 벌러 오지 않았다》, p.197, 이영광 저, 이불, 2015
9. 《그리스인 조르바》, p.429, 니코스 카잔차키스 저
10. 《세상에서 가장 기발한 우연학 입문》, p.330, 빈스 에버트 저, 장윤경 역, 지식너머, 2017
11. 《순간의 힘》, p.137, 칩 히스·댄 히스 공저, 박슬라 역, 웅진지식하우스, 2018
12. 《인생은 짧다 카르페 디엠》, p.350, 로먼 크르즈나릭 저, 안진이 역, 더퀘스트, 2018
13. 《나는 배웠다》, 유영만 저, 서울문화사, 2015
14. 《강의》, p.179, p.181, 신영복 저, 돌베개, 2004
15. 《밤이 선생이다》, p.251, p.200, 황현산 저, 난다, 2013
16. 《불행 피하기 기술》, p.280, p.250, 롤푸 도벨리 저, 엘 보초 화, 유영미 역, 인플루엔셜, 2018
17. 《나는 왜 이 사랑을 하는가》, p.72, 데이비드 리코 저, 윤미연 역, 위고, 2014

18 《고통은 나눌 수 있는가》, 엄기호 저, 나무연필, 2018
19 《멀고도 가까운》, p.153, 리베카 솔닛 저, 김현우 역, 반비, 2016
20 《다시 쓰는 문학에세이》, p.228, 김상욱 저, 상상의힘, 2014
21 《공부는 망치다》, p.47, 유영만 저, 나무생각, 2016
22 《차라투스트라는 이렇게 말했다》, 프리드리히 니체 저, 정동호 역, 책세상, 2000
23 《유리알의 유희》, 헤르만 헤세 저
24 《구토》, p.131, 장 폴 사르트르 저, 방곤 역, 문예출판사, 1999
25 《우치다 선생이 읽는 법》, 우치다 타츠루 저, 방동섭 역, 유유, 2020
26 《고객 체험의 경제학》, 제임스 길모어·조지프 파인 2세 공저, 신현승 역, 세종서적, 2001
27 해당 내용은 '《지적 성숙 학교》 우치다 타쯔루 저, 서혜영 저, 에스파스, 2017' 중 〈어떻게 말을 전달할 것인가: 세상 사람들이 나의 이야기를 끝까지 듣게 하자〉를 토대로 작성했다.
28 《어른 없는 사회》, p.181, p.183, p.187, 우치다 타쯔루 저, 김경옥 역, 민들레, 2016
29 《나무는 나무라지 않는다》, 유영만 저, 나무생각, 2017
30 《삶으로서의 은유》, p.24, 조지 레이코프·마크 존슨 공저, 노양진·나익주 공역, 박이정, 2006
31 《은유의 힘》, p.31, 장석주 저, 다산책방, 2017
32 《멀고도 가까운》, p.125, 리베카 솔닛 저, 김현우 역 반비, 2016
33 《무한화서》, p.160, 이성복 저, 문학과지성사, 2015
34 《말하기 힘든 것에 대해 말하기》, p.113, 우치다 타쯔루 저, 이지수 역, 서커스, 2019
35 《인생의 발견》, p.55, 시어도어 젤딘 저, 문희경 역, 어크로스, 2016
36 《독서의 발견》, p.225, 유영만 저, 카모마일북스, 2018
37 《잘라라, 기도하는 그 손》, pp.35-36, 사사키 아타루 저 송태욱 역, 자음과 모음, 2012
38 《피었으므로, 진다》, p.118, 이산하, 쌤앤파커스, 2016

39 《우리가 보낸 순간, 시》, p.287 김연수 저, 마음산책, 2010
40 《영국기행》, p.128, 니코스 카잔차키스 저, 이종인 역, 열린책들, 2008
41 《어떤 글이 살아남는가》, p.280, 우치다 다츠루 저, 김경원 역, 원더박스, 2018
42 《입 속의 검은 잎》, 우리 동네 목사님, 기형도 저, 문학과지성사, 1991
43 《자기배려의 책 읽기》, p.29, 강민혁 저, 북드라망, 2019
44 《책의 정신》, p.9, 강창래 저, 북바이북, 2022
45 《니코마코스 윤리학》, 아리스토텔레스 저, 김재홍 · 강상진 · 이창우 역, 길, 2011.
46 《어떻게 일에서 만족을 얻는가》, 배리 슈워츠 · 케니스 샤프 공저, 김선역 역, 웅진지식하우스, 2012
47 《생각지도 못한 생각지도》, 유영만 저, 위너스북, 2017
48 《사유의 열쇠: 철학》, 박이문 저, 산처럼, 2002
49 《개념: 뿌리들》, 이정우 저, 그린비, 2012
50 해당 내용은 '《전문가의 조건》, 도날드 쇤 저, 배을규 역, 박영스토리, 2018'를 토대로 작성했으며, p.11p, p.21p, p.40p, p.41p, p.50P, p.57, p.70, p.128, p.234, p.269, p.312, p.164 중 일부분을 인용했다.
51 《The Box》, 마크 래빈슨 저, 김동미 역, 21세기북스, 2008
52 《상식파괴자》, 그레고리 번스 저, 김정미 역, 비즈니스맵, 2010
53 《휘파람 부는 사람》, 메리 올리버 저, 민승남 역. 마음산책, 2015

삶은
문제의 연속이다.

그 문제를 안고 사느냐
이용하느냐는
나의 질문에 달려 있다.